Descubre lo que de verdad te mueve

Descubre lo que de verdad te mueve

Y aprovéchalo para liderar tu vida profesional

PILAR JERICÓ
En colaboración con MICHAEL A. PIRSON

alienta
EDITORIAL

Alienta es un sello editorial de Centro de Libros PAPF, SLU.
Av. Diagonal, 662-664
08034 Barcelona
www.planetadelibros.com

Primera edición: mayo de 2024
Depósito legal: B. 6.830-2024
ISBN: 978-84-1344-330-0
Composición: Realización Planeta
Impresión y encuadernación: Gómez Aparicio
Printed in Spain - Impreso en España

A mi familia, en especial a mis padres,
a mi hermana y a Antonio.

Y a Hugo.

Sumario

Introducción

El liderazgo esencial o lo que no hemos cambiado en trescientos mil años

En una cueva de muy difícil acceso en Indonesia se esconde uno de los secretos más emocionantes de la historia de la humanidad, que se desveló hace muy poco, en 2019. Al final de sus túneles de piedra caliza, donde a nadie se le ocurriría ir ni a darse una vuelta, hay una escena de caza pintada que presenta dos curiosas peculiaridades: los cazadores que aparecen están representados como mitad humanos y mitad animales. Van armados con cuerdas y lanzas e intentan atrapar a cerdos verrugosos y a búfalos enanos. Y lo más importante: se pintó hace la friolera de unos 45.000 años.[1] Es la representación artística de caza más antigua encontrada hasta ahora, y nos revela cómo se vivía en el Paleolítico y un pensamiento lleno de simbología.

No sabemos quién la pintó, ni cuáles fueron sus motivaciones o si tenía miedo a los cerdos verrugosos. Pero lo que sí podemos interpretar es que a aquel ser humano, al igual que a los miembros de su tribu, lo movía lo mismo que mueve a los artistas que cuelgan sus obras en el MOMA de Nueva York o en el Reina Sofía de Madrid. O lo mismo que nos mueve ahora a cada uno de nosotros para avanzar y ser felices, tanto si somos niños como adultos o jubilados y no tenemos ninguna habilidad como la de Tarzán para vivir en la selva. De lo que estamos hablando es de los motores evolutivos, que compartimos como humanos desde hace trescientos mil años y que condicionan nuestras decisiones, nuestros anhelos, nuestros miedos y, por supuesto, nuestro liderazgo.

> La biología no es el destino, a menos que la ignoremos.
>
> Jerome Barkow, profesor emérito de la Universidad de Dalhousie (Canadá)[2]

Llegar hasta aquí como especie no ha sido un camino de rosas. Han pisado esta tierra unos treinta tipos de humanos y sólo nosotros, los *sapiens*, hemos podido llegar al siglo XXI e incluso acariciar la Luna. El proceso ha sido difícil. En algún momento hemos estado a punto de extinguirnos, junto con el resto de los homínidos. Sin embargo, sobrevivimos y hemos logrado grandes proezas, más que cualquier otro animal (incluso poner en peligro ecosistemas enteros... Cuando nos ponemos con algo somos buenos). Hemos superado grandísimas dificultades, cambios climáticos heladores o embestidas de animales hambrientos, y el éxito de la evolución se ha debido a unas fuerzas innatas que tenemos, que han ido apareciendo a lo largo de los grandes hitos de la humanidad y que se han ido volviendo más sofisticadas con el paso del tiempo. Estas fuerzas son los *motores evolutivos*, que compartimos con los humanos anteriores y que desde hace trescientos mil años son bastante estables. Estos motores evolutivos nos han permitido sobrevivir y están en la base de nuestras motivaciones, nuestros anhelos y nuestros sueños actuales; de nuestra felicidad o nuestra sensación de plenitud en el trabajo o en nuestra vida privada. También está detrás del motivo por el cual nos sentimos mal en trabajos en los que no comprendemos el para qué de lo que estamos haciendo o por qué el éxito o el dinero nos pueden dejar un gran vacío si no tenemos, además, buenas relaciones personales. Los motores evolutivos nos moldean y, como puedes imaginar, son mucho más que simplemente el alimento o el cobijo.

Este libro es una ventana para conocerte mejor desde una perspectiva innovadora y para desarrollar lo que denomino *liderazgo esencial*, es decir, aquél que se apoya en lo básico que nos caracteriza como humanos y que nos une a todos, independientemente de nuestras diferencias individuales. Para ello hemos de profundizar en nuestra propia evolución y en los motores que hemos ido desarrollando en los últimos seis millones de años, que nos empujan a adquirir bienes y experiencias, a vincularnos con otras personas, a aprender y a necesitar comprender el para qué de lo que nos rodea o incluso a defender lo que consideramos que es nuestro, ya sean ideas o posesiones. Como iremos comentando, lo importante no es sólo conocerlos, sino también saber qué combinación de estos motores tenemos en cada momento. Esta combinación nos dará las claves de si disfrutamos o no de nuestra vida, si estamos en entornos que nos ayudan a crecer o si nos encontramos en el lugar adecuado para vivir muchos años de manera saludable. Justifica también algunas contradicciones que nos afectan, como cuando luchamos por tener éxito o una pareja, lo conseguimos y, a pesar de eso, nos sentimos tan erosionados como el desierto de Gobi. También es la respuesta a por qué en una misma empresa podemos tener jefes inspiradores con los que nos iríamos hasta al polo norte y otros a los que no seguiríamos ni a la máquina de café. Son, además, la base del liderazgo esencial. En definitiva, los motores evolutivos nos dan sentido, plenitud y capacidad de influencia, pero han de estar en equilibrio.

Lo que vas a leer a continuación es el resultado de la unión entre ciencia y experiencia. Michael Pirson es un referente internacional en empresas humanistas. Es profesor en la Universidad de Fordham, en Nueva York, ha dado clases en la Universidad de Harvard y es investigador de dicha universidad. El modelo que presento en este libro es en el que Michael trabajó junto con su mentor, Paul Lawrence, en la Universidad de Harvard y que está en la base de las organizaciones humanistas y de las personas que son felices en su vida personal y profesional. Además, me apoyaré en investigaciones apasionantes en los campos de la neurociencia y la historia, así como en mi experiencia internacional acompañando durante más de veinticinco años a empresas y a profesionales a alcanzar el éxito de resultados, a superar miedos y a entrenar el liderazgo en entornos desafiantes.

Para ello te proponemos un viaje. Primero profundizaremos en los motores evolutivos, para reconocerlos en nosotros e identificar cuáles son las trampas que aparecen cuando no están en equilibrio. Después nos adentraremos en claves muy prácticas para que entrenes el liderazgo esencial, para que seas más feliz en tu vida personal y alcances una mayor longevidad saludable. También comprenderemos por qué nos cuesta negociar un salario, por qué nos comparamos con otras personas constantemente o por qué es tan importante la seguridad psicológica y entender el sentido de nuestro trabajo. Veremos cómo superar relaciones tóxicas o escaparnos de las burbujas de información en las que nos adentramos y cómo conectar con nuestras fortalezas más profundas. Conoceremos a líderes inspiradores con experiencias magníficas, como Ibrahim Abouleish, quien transformó un desierto en un vergel en Egipto, o Bernie Glassman, que convirtió una pequeña pastelería en una de las zonas más deprimidas y peligrosas de Estados Unidos en una empresa ejemplar, con más de 14 millones de dólares de facturación. También bucearemos en datos científicos apasionantes para entender desde cuándo el poder y el dinero se convirtieron en la obsesión de gran parte de los humanos o por qué nuestro cerebro se está reduciendo en los últimos milenios. Todo ello para poder contar con una herramienta poderosa para comprendernos mejor, para descodificar las distintas generaciones y culturas —algo que cuesta mucho en las empresas— y para desarrollar el liderazgo esencial.

Desde hace trescientos mil años el mundo ha cambiado en muchas cosas, excepto en lo que nos mueve como humanos.

En este mundo tan tecnológico en el que vivimos, te proponemos un viaje realmente emocionante a lo esencial, a lo básico, a nuestros orígenes. Si comprendemos lo que nos mueve de verdad, podremos aprender a equilibrarlo y a no confundirlo con deseos obsesivos, ya sea dinero, poder o lo que se nos ponga por el camino. En la ciencia encontrarás claves para descubrir los motores que compartimos con el resto de los humanos que han pisado la Tierra, aunque ahora vayamos en coches autodirigidos y busquemos conquistar el espacio. Si aprendemos a comprenderlos, a equilibrarlos en nuestras decisiones y a aumentar nuestro nivel de consciencia, podremos conseguir mejores herramientas para influir positivamente en otras personas, para ser más felices, más longevos y sentirnos más realizados.

Te invitamos a reconocer nuestras raíces para coger fuerzas y continuar. Detrás de cada uno de nosotros hay millones de seres que contribuyeron a que estemos aquí. Contemplar los motores evolutivos es reconocer nuestra grandeza como humanos, como parte de la naturaleza, que debemos cuidar y respetar.

¿Nos acompañas a Michael y a mí en este viaje?

1

Nuestros cuatro motores evolutivos, aunque no seamos conscientes de ellos

> El verdadero problema de la humanidad es el siguiente: tenemos emociones paleolíticas, instituciones medievales y tecnología divina.
>
> Edward Osborne Wilson,
> sociólogo estadounidense (1929-2021)

Tú te quedas en la selva, yo me voy a conquistar el mundo

La industria del marketing cambió con las redes sociales: antes las marcas se esmeraban para que se escucharan sus bondades, que proponían sus propios departamentos de marketing, y ahora buscan *influencers* para que pregonen lo maravillosas que son. Los *influencers* pueden proceder del mundo de la música, el cine o el deporte, como es el caso de Beyoncé, el actor Dwayne Johnson, conocido como «La Roca», o Cristiano Ronaldo, con más seguidores que habitantes en la mayor parte de los países de este planeta. Otros surgen de la nada y construyen imperios con sus propios recursos, como la italiana Chiara Ferragni. Posan y muestran el nombre de la ropa que llevan o dónde se han cortado el pelo. No obstante, en cualquier caso, independientemente de cuál sea la cuna del famoso, su motor no es diferente al que movió a los que pintaron las cuevas con bisontes en Atapuerca o pumas en Argentina y dejaron su huella al estilo «*influencer* paleolítico»: pintaron el contorno de sus manos para, quizá, expresar «aquí estoy yo». La tecnología era otra, pero los motores no cambian. Éstos han ido apareciendo a lo largo de nuestra evolución y se expresan de manera diferente.

Genéticamente no somos muy distintos a los chimpancés o a los bonobos, nuestros «primos evolutivos», con los que compartimos el 98,8 por ciento de nuestro ADN. Cuesta pensar que cualquiera de nosotros, incluso Chris Hemsworth, el actor que encarna a Thor en las películas de Marvel, nos diferenciemos sólo un 1,2 por ciento de un chimpancé pigmeo. Sin embargo, así somos.[1] Hace seis millones de años parece que nos separamos de ellos y, más o menos, ese momento marca el cumpleaños del origen de la humanidad. Desde aquella separación, nuestros «primos» lejanos y nosotros hemos evolucionado de modo distinto. Mientras que ellos siguen viviendo en selvas, nosotros hemos ido superando grandes etapas: descendimos de los árboles, aprendimos a andar sobre dos piernas, a cazar animales gigantes, a cocinar con fuego, a hablar, y descubrimos el placer (o no) de ser sedentarios, además de meter en zoológicos a algunos pobres animales. Todo ello ha sido gracias al desarrollo del cuerpo y, en especial, del cerebro. Éste ha ido ganando volumen craneal a lo largo de la evolución y su morfología ha permanecido bastante estable en los últimos trescientos mil años, con algunos matices que veremos más adelante (momento de publicidad del capítulo 4).

Gráfico 1.1. Nuestra genética y su evolución

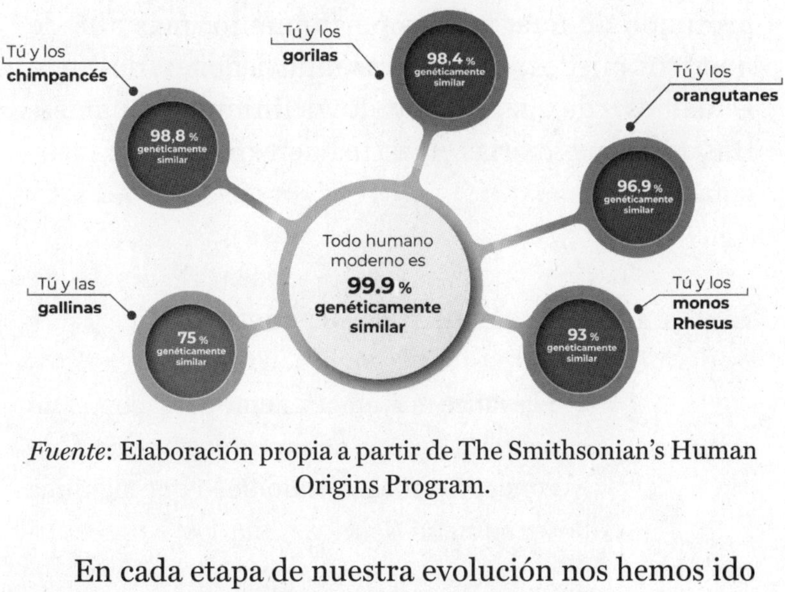

Fuente: Elaboración propia a partir de The Smithsonian's Human Origins Program.

En cada etapa de nuestra evolución nos hemos ido enfrentando a nuevos desafíos, lo que nos ha llevado a generar nuevos motores internos o a perfeccionar los que ya teníamos. Los *Homo habilis*, por ejemplo, que construyeron sus primeras herramientas hace 2,5 millones de años, tenían motores que nosotros ahora seguimos usando y que están presentes en nuestras herramientas actuales, ya sean ordenadores o transacciones de criptomoneda. Pero los *sapiens*, a diferencia de los *habilis* y de cualquier otro humano, hemos desarrollado unos motores más complejos que nos han permitido inventar la inteligencia artificial, imaginar mundos imposibles y curiosear en otras galaxias. Los motores han ido apareciendo gradualmente, conforme evolucionábamos, los hemos ido transmitiendo de generación en generación y están escondidos en lo más profundo de nuestro comportamiento; más allá de nuestros miedos, de nuestras motivaciones, de cómo actuamos o de qué decimos. En definitiva, rigen nuestras decisiones diarias, nuestro liderazgo y nuestra felicidad.

Los cuatro jinetes de la supervivencia

> El avance más emocionante del siglo XXI no ocurrirá debido a la tecnología, sino a un concepto en expansión de lo que significa ser humano.
>
> John Naisbitt, escritor (1929-2021)

Todos tenemos miedo, hasta quienes dicen que no lo tienen, ya sea porque no miran mucho hacia dentro, porque lo llaman de otro modo o porque tienen miedo a reconocerlo. No lo sabemos. En estas dos décadas ayudando a líderes y empresas a reducir el impacto del miedo para conseguir mejorar sus resultados, he llegado a observar un patrón común: los temores que nos impiden desarrollar todo nuestro potencial están relacionados con la supervivencia. Tenemos miedo al fracaso, al rechazo, a perder poder o influencia, a no llegar a fin de mes y al cambio, como escribí en el libro de *NoMiedo*. Todo ello son expresiones de algo que puede poner en jaque la supervivencia. Luego, por supuesto, cada cual lo adereza con su creatividad y su nivel de angustia personal. Ese patrón repetido encontró su perfecta pareja de baile cuando conocí el modelo de Michael Pirson, con quien colaboro en la escritura de este libro.

Michael trabajó en la Universidad de Harvard con su mentor, Paul Lawrence, uno de los grandes pensadores y sociólogos organizativos de los últimos tiempos. Los dos analizaron los cuatro motores de la evolución y su aplicación en las empresas y en la economía. Se basaron en un estudio profundo[2] a partir de diferentes ciencias para analizar qué es lo que nos ha permitido el éxito como especie y cómo nos afecta en nuestro día a día. Así pues, lo que aquí recogemos es aquello en lo que Michael y yo llevamos veinte años trabajando desde distintas perspectivas. Veamos, entonces, cuáles son los motores evolutivos que, en la actualidad, todos tenemos presentes:

- Adquirir lo que necesitamos para sobrevivir, tanto lo material (cobijo, alimento, ropa...), como lo inmaterial (dinero, éxito, poder, placer...).
- Vincularnos con otros seres humanos (amor, amistad, cuidado, solidaridad...).
- Comprender el mundo que nos rodea y a nosotros mismos (aprendizaje, lenguaje, pensamiento simbólico, sentido o propósito).
- Defender lo que necesitamos (seguridad física y psicológica).

Gráfico 1.2. Los cuatro motores evolutivos innatos que tienes y de los que dependen tu capacidad de liderazgo y tu felicidad

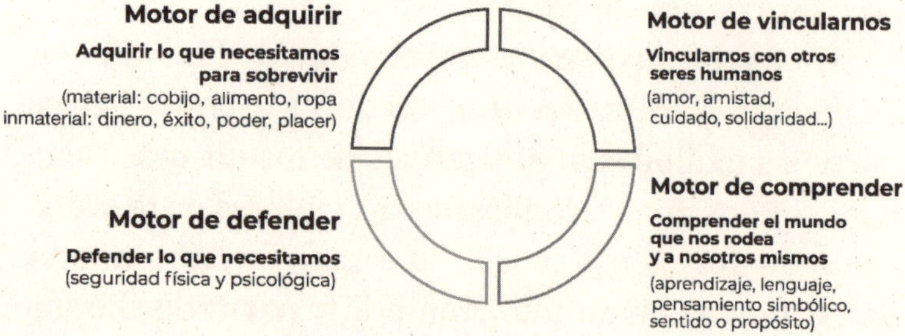

Fuente: Elaboración propia basada en el modelo de Paul Lawrence.

A lo largo de estos millones de años, hemos aprendido a buscar lo que necesitamos para vivir, a defendernos de los peligros, a vincularnos con las personas más intensamente, a identificar el sentido de lo que nos ocurre y a dejar nuestra huella en cuevas o en pintadas por la calle. Todo ello nos ha permitido sobrevivir, gracias a los cuatro motores evolutivos que todos tenemos en mayor o menor medida.

Se podría decir que los motores equivaldrían a nuestras placas tectónicas. Debajo de los paisajes y los océanos que vemos existen unas placas del tamaño de los continentes, de hasta 100 kilómetros de espesor, que se empujan, rozan y chocan entre sí, manteniendo vivo este planeta. Si no estuvieran, la Tierra sería una roca espacial fría y muerta, sin la vida que conocemos. El movimiento de las placas consigue que se renueve su superficie y que la Tierra sea un planeta tan bello y lleno de posibilidades. Las placas tectónicas están ahí, aunque no las veamos.

Los motores evolutivos serían como nuestras placas tectónicas: se empujan, rozan y chocan. Nos dan vida, se complementan y, a veces, colisionan produciendo terremotos internos.

Algo parecido sucede con nuestros motores evolutivos. No los vemos, pero están ahí y nos permiten la supervivencia. A veces se complementan, como cuando queremos cambiar de trabajo y encontramos otro en el que nos pagan más (adquirir) y, además, nos gusta a lo que se dedica la futura empresa (comprender). En estos casos, la decisión es fácil. Sin embargo, cuando los motores colisionan, en nuestro interior pueden suponer algún que otro terremoto interno. Eso es lo que sucede cuando nos ofrecen un trabajo que nos ilusiona pero que implica irnos a otra ciudad y nuestra pareja no nos puede acompañar. En este caso, el motor del vínculo choca con los otros.

Actuamos basándonos en nuestros motores. Si una persona tiene hambre, por mucho que se la intente convencer de otra cosa, su principal objetivo será obtener comida. Aunque en una empresa se presente el propósito compartido como lo más importante, si uno no se fía del compañero, su tendencia será protegerse y se olvidará del bien común. Los cuatro motores son pura supervivencia y marcan nuestros objetivos, pero tienen la capacidad de convertirse en obsesiones, como quien cree que la felicidad pasa por tener mucho dinero y dedica toda su energía a convertirse en la persona más rica, aunque se quede más sola que la una. Los motores nos dan plenitud y sentido, pero han de estar en equilibrio.

Actuamos basándonos en nuestros motores evolutivos. Nos generan necesidades y a veces se convierten en obsesiones. Lo importante es conocerlos e identificar qué proporción tenemos de cada uno de ellos.

Cuando equilibramos los motores, entramos en zonas azules y amables

Dan Buettner creció con un sueño, recorrer el mundo, y lo consiguió con su bicicleta en los años ochenta. Ganó tres Premios Guinness por sus hazañas y comenzó a colaborar con *National Geographic*. Buettner viajó y viajó por el mundo. En sus múltiples aventuras se dio cuenta de que había lugares en la Tierra donde la gente era especialmente longeva y que se conservaban en magníficas condiciones físicas y mentales. Identificó seis localidades en el mundo en las que podía haber hasta diez veces más de centenarios que en todo Estados Unidos: Cerdeña (Italia), Icaria (Grecia), Okinawa (Japón), Singapur, Loma Linda (California) y la península de Nicoya (Costa Rica). Bautizó estos lugares como «zonas azules»[3] y analizó qué tenían en común. Descubrió que no eran aspectos relacionados con las personas en sí, sino con algo bien distinto.

Los centenarios de las zonas azules no cuentan con una genética especialmente diferente, ni han ingerido más medicamentos antienvejecimiento (o *antiaging*, como se los llama ahora). Tampoco se han obsesionado con hacer ejercicio de forma regular, participando en actividades deportivas o yendo a gimnasios, si hubieran podido. No, son personas que alcanzan la centena y se encuentran en unas condiciones magníficas por los lugares donde viven. Ahí está la diferencia. Cuando Buettner indagó sobre qué sucedía en estas zonas encontró una serie de características que hacían que los motores evolutivos estuvieran en equilibrio.

Equilibrio en los motores evolutivos = Mayor longevidad (y mejor salud física y mental)

Las personas longevas de las zonas azules tienen ciertos hábitos muy saludables que les permiten equilibrar los cuatro motores: disfrutan de una buena alimentación (motor de adquirir), cultivan unas buenas relaciones con amigos y familiares (motor del vínculo), cuidan a los nietos o cuidan de la casa y las plantas, por lo que se sienten útiles (motor de comprensión) y viven situaciones de poco estrés (motor de defensa). Además, no comen solos, sino que lo hacen en familia, cuando se despiertan por las mañanas tienen un sentido por el que levantarse, bailan, se echan siestas, tienen fe o creen en algo más y, por qué no, disfrutan de un buen vino. Así pues, los cuatro motores entran en escena y alimentan el sentido innato de vivir en lugares amables.

Gráfico 1.3. Equilibrio de los cuatro motores

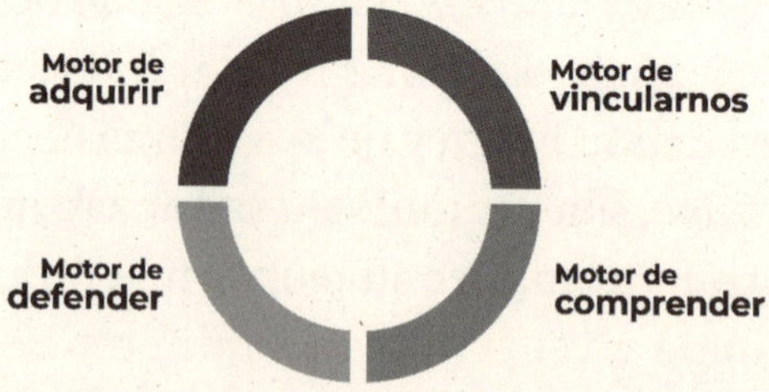

Fuente: Elaboración propia basada en el modelo de Paul Lawrence.

Todos tenemos los cuatro motores, pero su equilibrio es una de las claves principales para vivir bien. Si uno de los motores nos domina en exceso, la necesidad se transforma en obsesión, como sucede, por ejemplo, con el dinero. Todos necesitamos llegar a fin de mes y darnos algún capricho de vez en cuando, pero si eso se convierte en lo único que nos mueve, nos vacía por dentro. Dejaremos de lado amistades (vínculo), el sentido del para qué (comprensión) y podríamos, incluso, dañar nuestra salud por el exceso de trabajo (defensa). También sucede cuando nos obsesionamos con tener pareja, con imponer nuestra verdad a cualquier precio o incluso con vivir con miedo todo lo que se nos presenta.

Los motores evolutivos nos han permitido llegar hasta aquí, pero si alguno de ellos está en desequilibrio, nos sentimos perdidos, vacíos o poco motivados. En definitiva, no somos felices ni podemos prosperar, porque nuestra naturaleza no ha cambiado durante los millones de años de evolución. Cuando alguno de los motores se encuentra en desequilibrio, éstos pierden su sentido. Nosotros nos ponemos a su servicio y no al revés y lo que es una pura necesidad se convierte en un problema. De ahí que los contextos equilibrados ayuden a dar lo mejor de las personas. Nos hacen vivir más años, pero también nos permiten comprometernos con un líder o con la empresa.

Cuando nuestros motores están en desequilibrio, nos sentimos perdidos, vacíos y poco motivados.

El liderazgo esencial que crea contextos equilibrados

En el mundo de la empresa, Gallup mide cada año el compromiso de los profesionales en todo el mundo. La cifra no deja de ser bastante deprimente: en los últimos diez años sólo el 36 por ciento de las personas dicen estar satisfechas con su trabajo, en el mejor de los casos. En sentido opuesto, el 15 por ciento de media expresan estar realmente descontentas.[4] Cuando se analiza el porqué se confirma que depende fundamentalmente del ambiente que crea el jefe y no tanto de las peculiaridades de cada profesional. Y no es de extrañar: un líder crea ambientes que pueden ser maravillosos y que harán que te sientas afortunado por trabajar allí, o también pueden ser tóxicos, de ésos de los que uno sólo sueña con escapar.

El liderazgo esencial crea contextos en los que las personas quieren dar lo mejor de sí mismas.

Ahora piensa en ti. ¿En qué momento has disfrutado de tu trabajo y tenías ganas de hacer cosas y dar tu mejor versión? Posiblemente recordarás que se aunaron una serie de circunstancias. Es posible que el contexto te ayudara, ya fuera el jefe, la empresa, el proyecto o la persona con la que estuvieras. Seguramente, sin que supieras llamarlo así, tus motores evolutivos estaban en equilibrio; aquéllos que compartimos con los que convivían con mamuts lanudos o leones gigantes, como ya sabemos. En los tiempos actuales pueden traducirse de varias maneras. Tu salario te permite llegar a fin de mes y tampoco percibes una injusticia en tu retribución con respecto a otros, algo que, por cierto, quema bastante y tiene una razón evolutiva, como veremos más adelante. Además, puedes tener tu espacio de poder y de estatus, aunque hayas empezado como becario (adquirir). El ambiente de trabajo es bueno, porque tu jefe escucha tus opiniones o porque disfrutas de trabajar en ese equipo (vínculo). También tienes la oportunidad de seguir aprendiendo, te sientes útil y entiendes para qué trabajas o el propósito del trabajo (comprender). Por último, puedes mostrarte tal como eres y no te sientes amenazado por expresar tus opiniones (defensa).

Los ingredientes anteriores crean los sitios amables en los que trabajar, no porque carezcan de exigencia, sino porque los cuatro motores están equilibrados. Hay líderes que saben hacerlo porque están alimentando la esencia del ser humano. Es más, en un mundo tan tecnológico como el de hoy en día, el líder que genera compromiso vuelve a los básicos del ser humano (véase el gráfico 1.4): los desafía con retos y los hace sentir importantes y útiles, al tiempo que cuida de su seguridad psicológica y física, como explicamos en este libro y sobre lo que profundizaremos en el capítulo 6.

El liderazgo esencial crea contextos en los que los motores están equilibrados y se alimenta la esencia del ser humano.

Gráfico 1.4. El triángulo de oro del liderazgo esencial

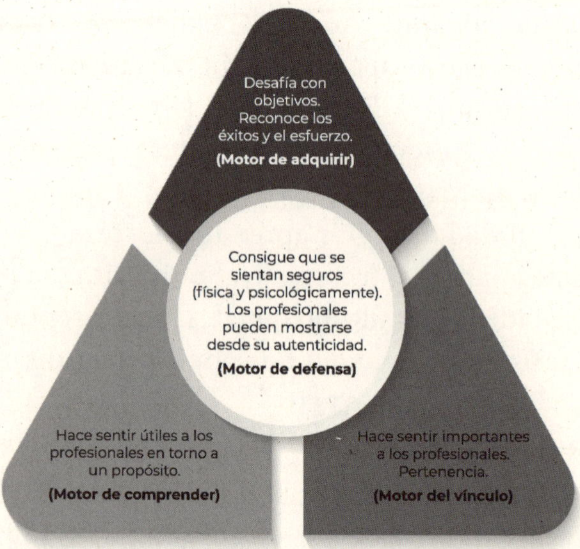

Fuente: Elaboración propia.

La nueva mirada de los motores que te presentamos en este libro también tiene una finalidad más profunda. Significa reconocer nuestras raíces y nuestras fortalezas, no sólo como personas, sino como parte de la naturaleza a la que pertenecemos. Detrás de cada uno de nosotros hay millones de seres humanos que nos han permitido llegar hasta aquí. El liderazgo esencial va más allá de la tecnología, de las diferencias o de los cambios que se viven ahora: regresa a lo que nos une a todos y nos hace prosperar. Además, desde el punto de vista práctico, ayuda al líder a descodificar lo que realmente mueve a cada persona.

Descodificando cada generación y sus motivaciones

La motivación es la expresión de los distintos motores evolutivos, que varían en cada persona.

Tener hijos es una decisión realmente compleja si lo piensas mucho, al menos para algunas personas. Se puede tener descendencia por muchos motivos, algunos más conscientes que otros: porque queremos tener una determinada posición con alguien más poderoso o con más dinero y los hijos son la mejor excusa (motor de adquirir); porque queremos compartir un proyecto vital con alguien (vínculo); porque sentimos que es un propósito más elevado y queremos dar continuidad a nuestros genes o a nuestra familia (comprender), o porque son un seguro para nuestra jubilación, como sucede en ciertos países (defender). Hay más motivos, sin duda, y seguramente muchas personas no le habrán dado tantas vueltas a la cabeza y han tenido hijos sin más. No lo discutimos. Sin embargo, los ejemplos anteriores nos sirven para entender algo: una misma decisión puede estar impulsada por diferentes motores.

La motivación es la expresión de los distintos motores evolutivos, que varían en cada persona. Para entenderlo mejor tomemos el archiclásico ejemplo del iceberg (lo aceptamos: poco original, pero muy visual). Pues bien, en lo más profundo del iceberg están los motores y, por encima, nuestras motivaciones y nuestros miedos, las decisiones que tomamos y lo que contamos sobre lo que hemos decidido (véase el gráfico 1.5). Por ejemplo, la motivación puede convertirnos en personas famosas en las redes sociales o hacer que tengamos dinero o mucho éxito. Nuestro miedo sería el fracaso. Dedicamos mucha energía a publicar muchas cosas en Instagram o nos dejamos la piel en el trabajo. Les decimos a los demás y a nosotros mismos que lo que hacemos es importante. Sin embargo, lo que se esconde detrás de nuestros pensamientos, palabras, acciones, motivaciones o miedos son nuestros queridos motores. En este caso, lo que se oculta es el motor de adquirir, como veremos en el próximo capítulo. Por eso bucear en los motores es acceder a otro nivel de información que nos permite comprender a los demás y descodificar las distintas generaciones y culturas.

Gráfico 1.5. Los motores evolutivos están escondidos, pero nos condicionan

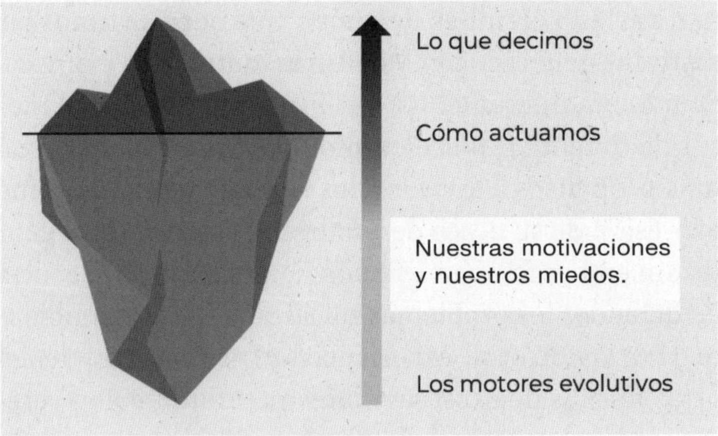

Fuente: Elaboración propia.

Cada generación tiene sus motivaciones y sus temores. Ahora un día sin el móvil o sin internet puede ser una tragedia para algunas personas, pero cambiar de trabajo alegremente es de lo más normal para algunos veinteañeros. Para otros, más entrados en canas, no vincularse a una organización de por vida podría significar un gran fracaso. Si vamos más atrás en el tiempo, una erupción de un volcán a lo lejos era una señal de que algún dios se había enfadado. Ahora, si podemos, nos tomamos fotos con el volcán de fondo para subirlas a las redes sociales. Hemos ido adaptando nuestras motivaciones y nuestros miedos (y también nuestras tonterías) a lo largo de los años, como si fueran un software que se actualizara en cada momento. Sin embargo, debajo del iceberg están los motores o el hardware —si seguimos con la metáfora—, que no han variado en miles de años y que compartimos las distintas generaciones y culturas, aunque se expresen de manera diferente. Esto es lo que sucede con el motor de defender, por ejemplo. Los *baby boomers* son más propensos a apoyar a las fuerzas armadas, como expresión de su deseo de proteger a su país o a su gente. Sin embargo, la generación Z (1997-2010) se centra en defender los problemas sociales y el medio ambiente. Han vivido otras experiencias y, por lo tanto, tienen otras formas de expresar el mismo motor, como veremos más adelante.

Ahora bien, en la medida en que seamos conscientes de que cada profesional necesita satisfacer los mismos motores, podremos entendernos mejor los unos con los otros y alcanzar consensos más fácilmente. Todos necesitamos encontrar el para qué de nuestro trabajo o estar en equipos en los que haya una relación de confianza y nos sintamos reconocidos. Todo lo anterior es independiente de la edad o de la cultura; es lo que nos une. Después vendrán las diferentes expresiones, pero alcanzar esta nueva perspectiva pasa por comprender y por ganar sensibilidad hacia el otro.

Bucear en los motores es acceder a otro nivel de información que nos permite comprender a los demás y descodificar las distintas generaciones y culturas, algo que cuesta mucho en las empresas.

Mismo motor, distinto impacto: de mirarnos el ombligo a mejorar el mundo

Existe un pequeño milagro en Egipto que comenzó hace cuarenta años, 60 kilómetros al noroeste de El Cairo. Es un vergel de unas 300 hectáreas, lleno de ricas plantaciones y de animales. Cuatro décadas atrás era un desierto, como todo lo que lo rodea, pero un hombre con un sueño consiguió transformarlo: Ibrahim Abouleish.

Abouleish regresó a Egipto en 1977 con un gran propósito bajo el brazo. Tenía cuarenta años, se había doctorado en Farmacia en Austria y dejaba un puesto directivo como jefe de investigación. Todo había comenzado dos años antes, con una visita a su país de origen, que lo impresionó por sus increíbles problemas: superpoblación, degradación ambiental, deficiencias educativas y dificultades en la atención médica. Su país era pobre. El 40 por ciento de sus compatriotas se dedicaba a la agricultura, pero los terrenos eran cada vez menos fértiles. Abouleish sintió que podía contribuir a cambiar la situación, de modo que dos años después de aquella visita se instaló con su mujer y sus dos hijos en medio del desierto y comenzaron la iniciativa SEKEM,[5] que significa «vitalidad del sol». Su objetivo era crear un proyecto sostenible que favoreciera el desarrollo individual, social y del entorno. Hoy en día SEKEM se considera una empresa social líder en todo el mundo. Todo esto fue gracias al equilibrio de los motores evolutivos de sus fundadores y su alto nivel de sensibilidad hacia el contexto.

Michael visitó SEKEM en 2022 y lo que más le llamó la atención fue la riqueza de la tierra. Es un respiro de vida, como él la define, además de un ejemplo de empresa humanista. Cuesta pensar que sea similar a la del desierto que la rodea. La comida es deliciosa y los animales conviven en armonía con las personas. Es un oasis hecho por el hombre, gracias a la ciencia y a un gran propósito.

El objetivo de Abouleish era implantar un sistema de agricultura biodinámica. Había que nutrir la tierra con carbono y qué mejor que cogerlo del aire para transformar el suelo del desierto en un terreno propicio para cosechar. Al principio no le creyeron. Él solía responder con una broma: «Es lo mismo que plantar naranjos en la Antártida, pero lo vamos a conseguir». Puso un piano en una de las tiendas de campaña y, mientras se trabajaba en el campo, la música sonaba. Cuatro años después hizo el primer envío de hierbas y productos con fines farmacéuticos a Estados Unidos. Posteriormente las 70 hectáreas de desierto se ampliaron y se transformaron en un espacio lleno de árboles, de agua y de vida (impresiona ver las fotos del cambio en internet). La transformación fue tan increíble que hasta el ejército incautó las tierras, pensando que podía haber alguna amenaza espía, según le contó el hijo de Abouleish a Michael. Claro, era «imposible» que un desierto se transformara en un vergel..., hasta que alguien lo consiguió.

En la actualidad SEKEM colabora con el gobierno, ayudando a expandir sus aprendizajes. Trabajan en el proyecto unas mil ochocientas personas y está sirviendo de inspiración para más de doscientas granjas que suman 2.800 hectáreas de agricultura biodinámica en distintas partes de Egipto.[6] Además, SEKEM no se queda sólo en la empresa farmacéutica, sino que cuenta con fundaciones y asociaciones que brindan servicios a la comunidad, como una escuela, una universidad o un programa especial para niñas y niños desfavorecidos. En definitiva, un gran propósito que contribuye a construir un mundo mejor.

SEKEM es un extraordinario ejemplo del equilibrio de los motores evolutivos: provee salarios y recursos a los profesionales y a la sociedad en la que está, favorece la creación de vínculos más fuertes en espacios más seguros y aporta un propósito que trasciende. Pues bien, las empresas y los líderes sociales son un ejemplo de los niveles de sensibilidad que cada persona puede tener, pero no hace falta ser un líder social para mejorar nuestro entorno. Podemos conseguirlo si ganamos mayor sensibilidad o consciencia de nosotros mismos y de lo que nos rodea, es decir, cuando logramos que nuestros motores no sólo se orienten a mirarnos el ombligo, sino que incluyan también a quienes nos rodean. El primer paso consiste en reconocer nuestros motores evolutivos y equilibrarlos. Después hemos de aumentar nuestro nivel de consciencia.

El motor de adquirir puede ser sólo engrosar nuestra cuenta corriente o nuestro ego a costa de cualquiera que se ponga en el camino o puede significar montar organizaciones que ayuden al medio ambiente y a las personas con pocos recursos a tener una vida digna, como fue el caso de SEKEM, que transformó un desierto en un vergel, lo que benefició al resto de los agricultores.

El motor del vínculo puede ser poderoso para defender a ultranza sólo a los nuestros o puede llevarnos a preocuparnos por el cuidado de todos, incluso de los más desvalidos de otros grupos sociales o los que viven en países a miles de kilómetros de distancia.

El motor de comprender puede ser tan poderoso que nos lleve a librar guerras santas por defender un ideal o a cultivar una espiritualidad que dé espacio a todos.

Por último, el motor de defender se puede poner al servicio de proteger sólo lo nuestro o de luchar para que el planeta sea un lugar saludable para las futuras generaciones de seres que lo habiten.

Los motores son los mismos, podrán estar en mayor o menor desequilibrio, pero los niveles de consciencia o de sensibilidad definirán nuestras decisiones y cómo se expresan (véase el gráfico 1.6).

Gráfico 1.6. Lo que nos preocupa y desde dónde actuamos: los niveles de sensibilidad personal y profesional

Fuente: Elaboración propia.

Sabemos que cada persona hace lo que puede en cuanto al crecimiento personal. Ganar consciencia es un camino que dura toda la vida y hay un sinfín de puertas para acceder a él. Sin embargo, entendemos que todas ellas pasan por conocernos mejor e identificar desde qué lugar interior actuamos y decidimos. También implica alzar la mirada y ganar mayor perspectiva sistémica, no sólo de nuestra realidad actual, sino también de las de generaciones pasadas y futuras o de lo que no vemos y nos trasciende.

Nuestro objetivo en este libro es ayudarte a conocerte un poco más para que puedas identificar cómo condicionan los motores evolutivos tus decisiones, tus objetivos o tu capacidad de liderar tu vida. A veces no son fáciles de reconocer, porque nos encontramos con algunas trampas por el camino. Equilibrarlos es la base para alcanzar la felicidad y la prosperidad y para sentirte bien. Es la condición mínima, que requiere tomar consciencia de todo ello. Luego está el camino que cada cual escoja para elevar su sensibilidad y conseguir transformar los desiertos, que todos tenemos, en auténticos vergeles. De ese modo, entramos en conexión con nosotros mismos y con los que nos rodean, y no sólo en el presente, sino también con los millones de homínidos que pisaron esta tierra antes que nosotros y a los que debemos dar las gracias por estar aquí hoy. Regresar a los orígenes es honrar el pasado para construir un futuro mejor y para liderar nuestra vida personal y profesional. Para ello, te invitamos a bucear en cada uno de los motores evolutivos para ampliar la mirada y ganar mayores márgenes de libertad y de sensibilidad en tus decisiones.

Regresar a los orígenes es honrar el pasado para construir un futuro mejor y liderar nuestra vida desde nuestras fortalezas más profundas.

Gráfico 1.7. Una pequeña guía curiosa: desde los primeros mamíferos hasta la actualidad

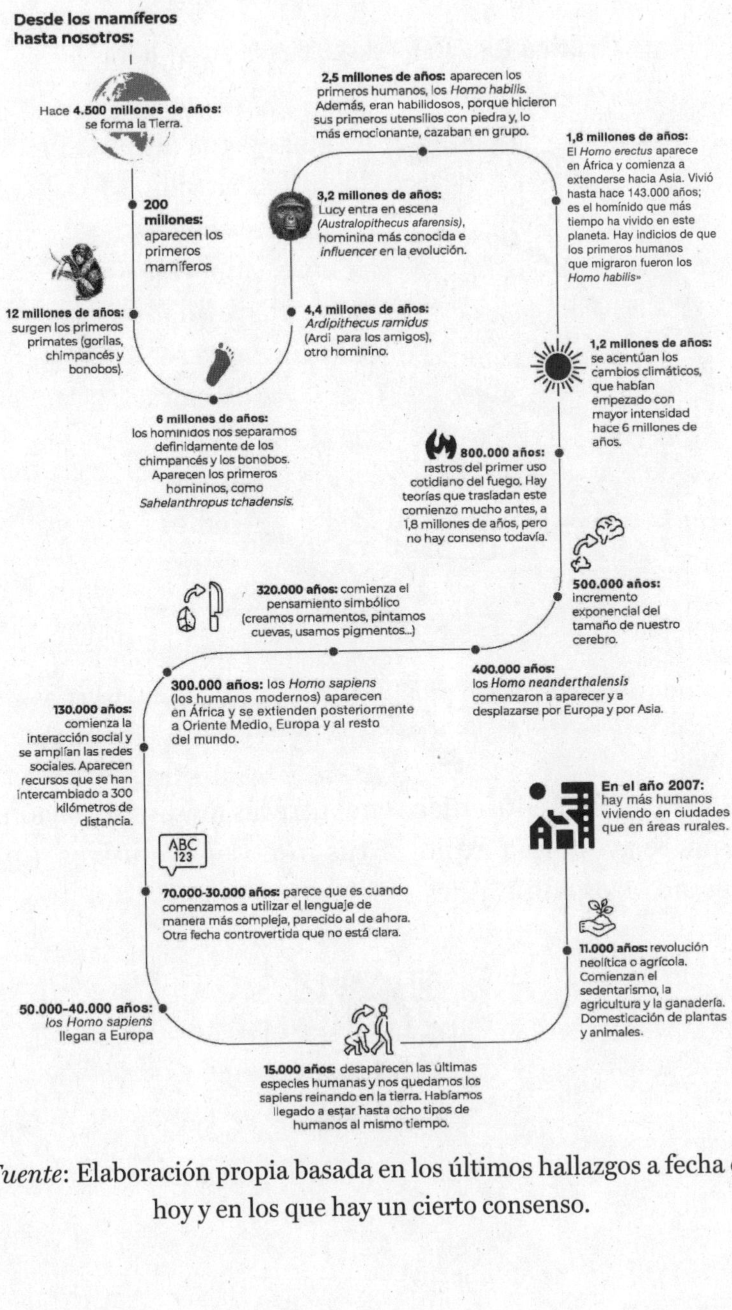

Fuente: Elaboración propia basada en los últimos hallazgos a fecha de hoy y en los que hay un cierto consenso.

Gráfico 1.8. Reloj de la Tierra en 24 horas

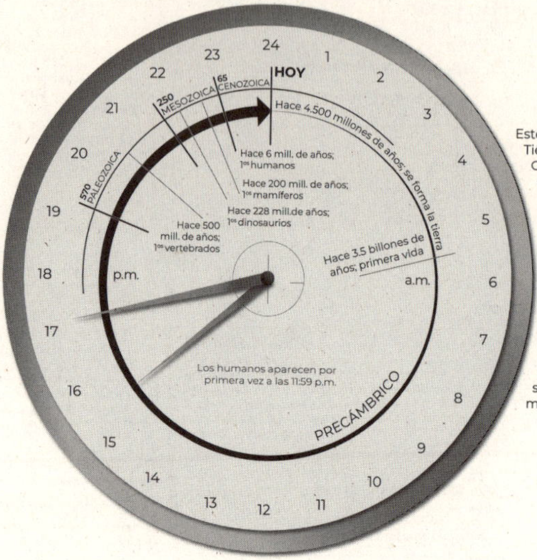

Este reloj muestra la historia de la Tierra comprimida en 24 horas. Comienza hace más de 4.500 millones de años, cuando se formó la Tierra. A las 5 horas (5:00 a.m.) comienza la vida en la Era Precámbrica. A las 20 horas (8:00 p.m.) aparecen los primeros vertebrados (animales con columna vertebral).

Como puedes ver, los humanos evolucionan al final de la Era Cenozoica, ¡apenas una fracción de segundo antes de la medianoche!

Fuente: Elaboración propia a partir del Museo de Historia Natural de Nueva York.

En el siguiente enlace encontrarás más información que te ayudará a explorar tus motores evolutivos, así como otros datos útiles.

<www.pilarjerico.com/motores-evolutivos>

2

El motor evolutivo de adquirir: poder, dinero y aquello que quiero

La tatata... tatarabuela Lucy y la herencia que nos dejó

Lucy in the sky with diamonds.

The Beatles

En 1974, dos antropólogos, Donald Johanson y Maurice Taieb, encontraron en Etiopía el fósil de la que podría ser la tatatata... [miles de «ta»]... tatarabuela de la evolución. Era una hembra de apenas un metro de alto, con el cráneo pequeño, con unos 3,2 millones de edad a sus espaldas y una característica crucial: podía andar erguida. A esta *Australopithecus afarensis* se la llamó Lucy,[1] en honor a la canción *Lucy in the sky with diamonds* de los Beatles, que sonaba cuando la presentaron en sociedad el 24 de noviembre de aquel año.

Podríamos decir que los australopitecos, cuya denominación proviene de «simio austral», están a medio camino entre el mono y el humano. Tienen la peculiaridad de poder trepar a los árboles y, al mismo tiempo, andar erguidos. Lucy se convirtió en toda una *influencer* en el mundo de la paleontología y durante años se creyó que era el primer eslabón en la línea de evolución del ser humano. Sin embargo, en la actualidad no se cree que vengamos de una única línea evolutiva, sino que provenimos de todo un árbol, formado por unas treinta especies conocidas que han habitado este planeta. Si nosotros estamos al final de las ramas de la evolución, ha habido muchas en las raíces y en alguna otra rama que se perdió por el camino.

Actualmente el pistoletazo de salida de los *sapiens* se sitúa hace unos seis millones de años, cuando en algún punto de África se desarrolló un hominino —previo a los homínidos— que se diferenciaba de sus «primos lejanos», los chimpancés y los bonobos. En este grupo está Lucy, junto con otros con nombres complicadísimos: los *Ardipithecus ramidus* (Ardi para los amigos) o los *Sahelanthropus tchadensis* (sin sobrenombre oficial, que sepamos), que se encontraron después y que son más viejunos que Lucy. Pues bien, lo que caracterizaba a nuestra protagonista era que podía andar sobre dos piernas, algo que se sabe por el estudio del pie (véase el gráfico 2.1). Por cierto, del estudio del esqueleto se deduce que debió de darse un tortazo de campeonato, quizá cuando saltaba de árbol en árbol. Parece que caminar nos hizo perder también otras habilidades por el camino, además de que las humanas suframos lo que no está escrito con los dolores del parto, a diferencia de otras féminas.

Gráfico 2.1. El pie de Lucy nos indica que fue una humana temprana, aunque todavía con algo de mono

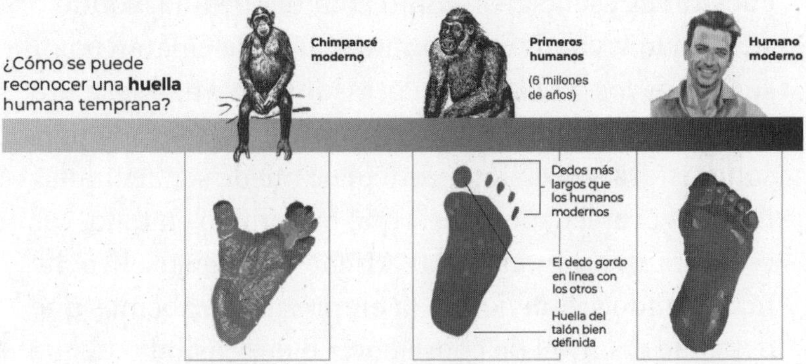

Fuente: Elaboración propia a partir de The Smithsonian's Human Origins Program.

Pues bien, Lucy tenía también sus motores evolutivos. Vivía en los árboles, interaccionaba con otros hominos similares a su especie y no tenía el neocórtex del cerebro tan desarrollado como lo tenemos ahora. Pero más allá de las claras diferencias con nosotros, tenía dos motores cruciales que la ayudaron a sobrevivir: poseer y adquirir lo que necesitaba, así como defenderse de los peligros. Pues bien, estos dos motores siguen presentes millones de años después y condicionan nuestras decisiones, por qué nos sentimos bien o por qué a veces nos obsesionamos y nos amargamos. Vamos a comenzar con el motor de adquirir y presentaremos el motor de defender más adelante.

El motor de adquirir o poseer es universal en todos los animales, incluyéndonos a nosotros. Es un impulso que nos mueve a buscar, controlar y retener objetos y experiencias personales que valoramos. Pueden ser cuestiones esenciales, como comida, bebida, cobijo o sexo (si lo vivimos como «muescas en la culata» o por sentirnos los más sexis) u otras más intangibles pero muy fuertes: poder, dinero y estatus. Luego cada persona tendrá su versión particular: puede ser acumular muchas propiedades, decir que ha comido en todos los restaurantes con estrellas Michelin o tener el coche más grande y el mejor de la empresa. Ya sabemos que depende del nivel de consciencia o de sensibilidad que tengamos.

Todos nacemos con el motor de adquirir por supervivencia. Luego cada persona lo adapta a su versión particular.

La necesidad de adquirir está presente también en el cerebro. Cuando algo nos gusta experimentamos una sensación placentera en una zona subcortical denominada núcleo accumbens, que activa el circuito de recompensa. Conseguir lo que necesitamos o anhelamos nos produce un cierto placer y buscamos repetirlo. El núcleo accumbens también influye en nuestras decisiones. Si algo nos gusta, ya sea un helado o la satisfacción de ganar dinero en una inversión, ¿por qué no repetirlo? Por eso el circuito del placer es una puerta que a veces cuesta cerrar. Así es como comienzan las adicciones o los deseos imparables de poseer más o de tener más poder. Procede de nuestra tatata... tarabuela Lucy o de aquellos homininos que vivieron antes que nosotros. Lo que sucede es que los *sapiens* lo hemos perfeccionado bastante y tenemos muchas versiones distintas para expresarlo.

MOTOR EVOLUTIVO DE ADQUIRIR

Es innato e independiente del resto.

Se orienta a buscar, alcanzar, controlar y retener objetos y experiencias personales que valoramos, como las siguientes:

- Cuestiones esenciales para vivir: comida, ropa, cobijo...
- Búsqueda del placer: buen comer, entretenimiento, comodidad...
- Dinero
- Estatus
- Poder

Puede moverse en suma cero (ganar a costa de que alguien pierda).

Cuando perdimos los valles y triunfó el dinero

> La codicia, a falta de una palabra mejor, es buena.
>
> Gordon Gekko
> en la película *Wall Street* (1987)

¿Cuál es el sueño clásico de muchas personas? Intentemos adivinarlo: tener más dinero. Puede que alguien diga que no es así, pero en general se trata del gran sueño para muchos.

El motor de adquirir no ha sido muy tímido a la hora de expresarse a lo largo de la historia de la humanidad; más bien se podría decir que no ha tenido problemas en ser bastante «exhibicionista». Desde que dejamos de ser cazadores-pescadores-recolectores y ya no transportábamos nuestras cosas a cuestas, al más puro estilo caracol, comenzamos a venerar las posesiones, lo cual es normal. Cuando éramos nómadas nuestras sociedades eran más igualitarias: unos podían cargar con alguna cosa distinta a otros, pero no había grandes diferencias. Sin embargo, todo cambió hace unos once mil años:[2] nos convertimos en sedentarios. Comenzamos a tener tierras, a cuidarlas junto con el ganado y empezamos a acumular cosas más allá de las meramente necesarias para pasar los días. Comenzaron a crecer las poblaciones, como Jericó, en Palestina, hace 8.500 años. Surgieron las diferencias sociales, los nuevos órdenes políticos —como los imperios—, desaparecieron las representaciones de las diosas neolíticas[3] y se desarrolló una nueva economía basada en el dinero y no en el trueque.

Cuando pasamos a ser sedentarios, el poder y el dinero se convirtieron en los grandes elixires de la sociedad.

El motor evolutivo de adquirir que heredamos de los homininos, con Lucy incluida, dio un salto exponencial hace once mil años, cuando nuestro hogar dejaron de ser los valles donde vivíamos para pasar a ser nuestras casas y nuestras posesiones. En esta nueva situación, el poder y el dinero se convirtieron en el gran elixir de casi todos los mortales, que sigue muy presente en múltiples expresiones: mansiones, coches de lujo, joyas, yates..., y que mueve a la mayor parte de las sociedades, como explica Michael en el epílogo.

Si nos situamos en el presente, los años en los que la economía va viento en popa, el dinero es más exhibicionista, si cabe. Las joyas desmesuradas o los coches excesivos son una expresión de «aquí estoy yo, que tengo pasta», como sucede en las portadas de las revistas con los multimillonarios y famosos de turno. Sin embargo, ahora la exhibición es incluso mayor, más casera e insistente. Se encargan de mostrarla diariamente las redes sociales y sus *influencers*, que son los protagonistas de esta nueva realidad paralela.

Gracias al impulso de adquirir, nos esforzamos por tener éxito, por ganar dinero, por tener poder, por ser reconocidos o por convertirnos en *influencers*.

De los *influencers* actuales a algunos elefantes marinos

Un concurso en el que se regala dinero atrae a las personas. Puntúa más si, además, se consigue con retos la mar de extraños, como pasar semanas encerrado solo en un supermercado o ver quién aguanta hasta la extenuación tocando con la mano un Lamborghini. Éstos son algunos de los ejemplos que propone a los participantes Jimmy Donaldson, más conocido como MrBeast, en su canal de YouTube. Gracias a estas locuras es quien más suscriptores tiene: supera los 225 millones. Para hacernos una idea, este número es mayor que el número de habitantes de Brasil. Y no sólo eso: con veinticinco años tiene una fortuna estimada en 500 millones de dólares. No está mal. De nuevo, el motor de adquirir en estado puro para él y para los que participan en su programa.

Convertirse en *influencer* tiene su origen en el motor de poseer, que nos mueve desde hace millones de años y que compartimos con Lucy, la *Australopithecus*, otra *influencer* a su manera. Es el gran sueño de la generación Z (los nacidos a finales de los noventa o a principios de este siglo). Por eso no es de extrañar que en Estados Unidos más de una tercera parte de quienes pertenecen a esta generación deseen ser famosos en las redes sociales, con el objetivo de ganar dinero en el 60 por ciento de los casos.[4] Si analizamos qué profesión es la más buscada en Google, la número uno es convertirse en *youtuber* o *influencer* en países como España, México, Argentina, Ecuador o Costa Rica.[5] Una vez más, se impone el poder de la fama y del dinero (y, sin duda, también la libertad y no tener jefes).

El dinero no da la felicidad, pero ayuda.

Refranero español

Gracias al motor de adquirir nos esforzamos por tener éxito, por engordar nuestra cuenta corriente, por tener poder, por obtener reconocimiento o popularidad... En principio, esto es legítimo y natural: necesitamos sobrevivir, divertirnos con lo que hacemos y trabajar a nuestra manera. El problema está en nuestro nivel de sensibilidad y en la pérdida del equilibrio con el resto de los motores que también nos permiten sobrevivir. De ahí se deriva lo que nos digamos internamente. Si consideramos que la felicidad está asociada al dinero, nos dejaremos la piel para ganar más, aunque eso implique sacrificar nuestra salud. Si creemos que nos van a querer por ser personas poderosas, nos grabaremos en mil y una posturas en sitios nuevos para colgar los vídeos en las redes, aunque no hayamos disfrutado ni un minuto de los lugares donde hemos estado. La intensidad y la falta de sensibilidad nos esclaviza. Las luchas por conquistar ese poder o por triunfar también dejan huella. De esa dinámica inconsciente surgen los miedos, la sensación de vacío y la pérdida de oportunidades. Esto les sucede también a otros mamíferos: los elefantes marinos.

En Puerto Madryn (Argentina) se llevó a cabo un curioso estudio[6] sobre los elefantes marinos. Cuando los investigadores analizaron los ADN de las crías de las colonias de los elefantes descubrieron que más del 70 por ciento no provenían de los machos alfas o dominantes, como era de esperar, sino de los betas o segundones. Cuando analizaron el motivo vieron que, mientras que los alfas se entretenían con sus peleas para demostrar cuál de ellos tenía los bigotes más largos, los betas discretamente cortejaban a las hembras y se llevaban el gato al agua... También podríamos suponer que las hembras, en última instancia, escogen y que no siempre se sienten atraídas por los bigotes largos. Más allá de todo ello, parece que la lucha por el poder también tiene su precio.

Lo que nos hace sentir bien no proviene de adquirir muchos trofeos, sino de equilibrar nuestros motores evolutivos y conseguir un mayor nivel de consciencia y de sensibilidad.

Como proponemos en este libro, lo que nos hace sentir bien no proviene de la acumulación de adquirir cosas, trofeos, éxitos..., sino de algo bien diferente: de incrementar nuestra sensibilidad y equilibrar el resto de los motores evolutivos, que también nos han permitido llegar hasta aquí como especie. Para comprender cómo nos afecta este motor, te invitamos a que descubras una de sus características silenciosas, porque no consiste sólo en adquirir, sino en adquirir comparándonos con la persona que tenemos al lado.

Mirando siempre a los demás (si no, no estamos contentos)

Una vez, en una formación de liderazgo, un directivo me preguntó:

—¿Qué puedo hacer para que mis colaboradores no estén siempre comparándose entre ellos?

—Nada. Lo que sólo está en tus manos es ser justo y equitativo, pero ellos siempre van a tener la tendencia de compararse entre sí —le respondí.

Es poco práctico enfrentarse a lo que es natural. Es evolución pura. Lo que hay que hacer es comprenderlo y actuar en consecuencia. Esta conclusión se desprende de un sinfín de investigaciones que ponen de manifiesto nuestra manía (y necesidad) de compararnos constantemente y de actuar con base en ello. Veamos dos estudios curiosos.

De manera natural estamos siempre comparándonos con las personas que tenemos alrededor.
Lo hacemos por pura evolución.

Supongamos que tienes que elegir entre estas dos opciones en Estados Unidos (ojo, que la renta per cápita es de las más altas del mundo):

- Vivir en un barrio donde tú ganas 90.000 dólares pero tus vecinos se embolsan 100.000 dólares al año.
- Vivir en un barrio donde tú ganas 110.000 pero tus vecinos alcanzan la cifra de 200.000 dólares de ingresos anuales.

¿En qué barrio preferirías vivir? Según los resultados de la investigación,[7] la mayor parte de las personas escogieron la primera opción, a pesar de que se perdían 20.000 dólares de ingresos. Lógicamente, es de suponer que los que contestaron no estaban en el paro y que era un ejercicio teórico, porque 90.000 dólares es una fortuna para la mayoría de la gente. Pero, más allá de eso, lo interesante es lo que se esconde detrás. Todos llevamos dentro la necesidad innata de compararnos con el resto; por este motivo, cuando salen las notas de un examen, no sólo miramos la nuestra, sino que la contrastamos con las del resto. O si conseguimos un ascenso o una subida salarial, también estamos con el ojo puesto en lo que cobra el de al lado. Sí, queremos adquirir, pero de una manera justa (o, al menos, en la que no salgamos perdiendo).

Valoramos lo que tenemos según lo que tiene el de al lado, como si condujéramos por la vida mirando continuamente por los retrovisores.

Tenemos el instinto de adquirir, pero siempre miramos de reojo lo que tienen los demás. Sería como si condujéramos por la vida mirando continuamente los retrovisores a ver qué hacen los de al lado. Una vez más, se debe a la evolución y a las huellas que ha dejado en cada uno de nosotros. Robert Sapolsky, profesor de la Universidad de Stanford, dice que nuestros ojos están preparados para distinguir los colores a través de la comparación.[8] Es más, en la pintura lo que da forma a los objetos es el contraste. Así lo vemos y también pensamos así.

Quien ha convivido con niños o adolescentes puede observar que en la mayoría de las familias las tareas domésticas se sitúan en una eterna comparación. Uno vigila qué hace el otro y, si considera que sale perdiendo, monta el sindicato de las quejas. Es algo propio de la evolución (aunque no deja de ser agotador para los pobres padres). Cuando la leona hambrienta persigue a la cebra en la sabana, el objetivo de la cebra no es correr más que leona, sino correr más que otra cebra. Por eso, cuando caza a una, las demás pasean tan tranquilas a su lado. Supervivencia pura. La necesidad de la comparación no deja de tener una finalidad: medir el estatus que se tiene y luchar por ganar más, aunque sea para ver quién recoge el lavavajillas. Ya sabemos, los millones de años de evolución y sus cosas.

> Una de las pocas leyes rigurosas de la historia es que los lujos tienden a convertirse en necesidades y a generar nuevas obligaciones.
>
> YUVAL NOAH HARARI, autor de *Sapiens*

La búsqueda del estatus es uno de los rasgos del motor de adquirir y tiene su origen en la supervivencia. Hasta en las familias más pobres siempre hay algo de comida, que se reparte según el estatus, dice el economista indio Amartya Sen, ganador del Premio Nobel de Economía.[9] Por lo tanto, la necesidad de comparación y de reconocer el estatus influye en la serotonina que generamos. Según los estudios de Michael McGuire, que fue profesor de Psiquiatría de la Universidad de California en Los Ángeles (UCLA),[10] parece que cuando los primates vamos ascendiendo en una jerarquía, tenemos un subidón de adrenalina que nos hace sentirnos a tope.

Nuestra naturaleza nos despierta instintos innatos, como el de compararnos, lo cual hacemos de forma automática. Sin embargo, luego, como *sapiens* evolucionados que somos —a veces esto es un tanto cuestionable—, tenemos la capacidad de influir en ello. Podemos mirar el coche de la persona de al lado, compararlo con el nuestro y sentir envidia o bien podemos contemplarlo, compararlo con el nuestro y, sencillamente, disfrutar de verlo, sin más. Podemos controlar nuestro motor de adquirir para centrarnos en lo que realmente necesitamos, equilibrarlo con el resto de los motores y ayudar a otras personas o podemos convertirlo en una obsesión porque no llegamos a fin de mes (razón natural) o porque queremos ser la persona más rica del cementerio.

En definitiva, la obsesión por el poder y por el dinero ha caracterizado a la humanidad desde hace milenios y, en la actualidad, sigue estando muy vigente en muchas personas. Es el gran tótem de adoración. Ahora bien, tener este motor desequilibrado genera también muchas trampas, que nos avisan de que algo va mal en nuestro interior.

Gráfico 2.2. El motor de adquirir en desequilibrio

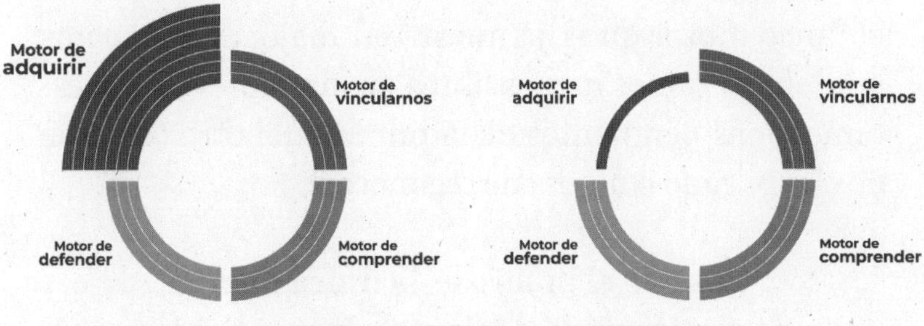

Fuente: Elaboración propia.

Las trampas del motor de adquirir en desequilibrio

Cuando el dinero se convierte en el objetivo y no en el resultado

Supón que eres pintor o pintora y estás trabajando en dos cuadros: uno por encargo y otro sin ningún tipo de retribución, simplemente porque quieres. ¿Cuál tendría mayor calidad pictórica? Esta pregunta se la formuló Teresa Amabile,[11] profesora de la Universidad de Harvard y una gran experta en creatividad. Junto con dos colegas seleccionaron obras de veintitrés pintores profesionales: algunas se habían creado por encargo, otras por voluntad propia. Posteriormente, fueron a visitar a críticos de arte y a directores de museos y galerías para que valoraran estas obras. Sorprendentemente, aquéllas que se habían hecho por encargo se consideraron mucho menos creativas que las que se habían pintado por voluntad propia. ¿Por qué? Porque, aunque todos necesitamos el dinero, no puede ser el único motor que rija nuestro trabajo. Si es así, nos perdemos; somos menos libres, menos auténticos y estamos más pendientes de la mirada del otro (del que nos ha pagado o nos ha de reconocer).

Cuando el dinero es la única puerta de motivación, el talento y la creatividad se escapan por la ventana.

Es difícil ser brillantes si sólo nos importa el dinero. Si queremos ser libres y desarrollar nuestro talento, el objetivo último no puede ser la fama, el poder o engrosar nuestra cuenta corriente, sino que ha de ser otro: el disfrute con lo que hacemos, la vocación, superar límites artísticos, el placer de ayudar a otras personas... Si sólo trabajamos por dinero, acabaremos teniendo una pequeña erosión diaria, nos vaciaremos de sentido (el tercer motor, que veremos más adelante) y estaremos deseando que llegue el momento de la jubilación o que nos toque la lotería. Centrarnos sólo en este motor nos genera un gran desequilibrio y hace que nuestro talento no sea tan brillante.

Fantasía:
Tener mucho dinero/estatus/poder =
Felicidad
Riesgo de tener mucho poder/dinero/estatus =
Desconexión de uno mismo y de los demás

La eterna fantasía: el dinero y el poder nos devolverán la autoestima perdida y nos harán felices

En Estados Unidos existen escuelas de alto rendimiento para niños y jóvenes con altas capacidades. Las hay de muchos tipos: de ciencias, de arte... Incluso en muchos colegios cuentan con programas especiales para niños que destacan a partir de los seis años de edad. Las escuelas de alto rendimiento son el sueño de muchos padres que, lógicamente, desean lo mejor para sus hijos. Sin embargo, en el año 2019 se publicó un informe[12] alertando de ciertos peligros «colaterales». Las Academias Nacionales de Ciencias, Ingenierías y Medicina de Estados Unidos incluyeron a los jóvenes de «escuelas de alto rendimiento» en los grupos de riesgo de salud mental. El motivo eran los altos niveles de problemas de adaptación derivados de la presión por sobresalir en el ámbito académico. Y aún hay más: el 70 por ciento de los adultos entre dieciocho y treinta años pensaban que sus padres los querrían y apreciarían más si tenían éxito en la escuela,[13] independientemente del colegio al que hubieran asistido. Es decir, el motor de adquirir se había apoderado del resto.

Necesitamos desarrollar el talento y, si tenemos ciertas habilidades, es recomendable que se nos brinden oportunidades. Los niños con altas capacidades en España han sido uno de los colectivos que menos se han tenido en cuenta en el sistema educativo, quizá por el «café para todos», que tanto gusta. No desarrollar nuestro potencial daña el tercer motor, que explicaremos más adelante. Sin embargo, buscar sólo el éxito para ganar reconocimiento nos introduce en un desequilibrio doloroso que nos lleva a contemplar la realidad de manera distorsionada.

> No siento que [ganar] Wimbledon me haya cambiado. De hecho, me siento como si me hubieran hecho partícipe de un secreto sórdido: ganar no cambia nada.
>
> ANDRE AGASSI, después de conquistar el Grand Slam de tenis en Wimbledon en 1992[14]

La necesidad de logro desmesurada esconde grandes vacíos personales. Alcanzar la gloria para sentir que agradamos a quienes nos rodean, más allá de nuestros padres, genera desequilibrios internos. Esta erosión hace que el éxito alcanzado nunca sea suficiente y caemos en espirales infinitas, puesto que muy pocas veces se consigue la primera posición y, si se logra, nunca es eterna. Siempre habrá alguien que, tarde o temprano, nos supere (a excepción de los genios, que, de vez en cuando, alguno aparece). Si hemos puesto toda nuestra valía en alcanzar el éxito, éste se convierte en una trampa silenciosa y complicada. De puertas afuera, el éxito o el poder nos hacen parecer invencibles y admirables, pero, internamente, en el silencio en el que no se engaña a nadie, sentimos que no somos suficiente. De ahí que las personas tengamos dificultades para abrazar la vulnerabilidad, porque se desmonta una torre de naipes y caemos en el incómodo «síndrome del impostor».

**El motor de adquirir es, posiblemente,
el que más maquille el desequilibrio
de los otros motores.
Necesitamos ganar para olvidar.**

El motor de adquirir es, posiblemente, el que más maquille el desequilibrio de los otros motores. Cuando alguien está mal, puede no parar de trabajar para olvidar, o, cuando su vida personal es un desastre, puede encerrarse en el poder para anestesiarse. Sabemos que el dinero o el poder no dan la felicidad, pero siguen siendo una trampa inconsciente, porque actúan como un elixir para muchos males.

> Yo siempre quise ser rico, pero después de conocer a unos cuantos me di cuenta de que ser rico no te hace necesariamente feliz, así que dejé de obsesionarme con ello.
>
> Ecequiel Barricart, director creativo de YouMedia y autor de diversos libros

Adiós a demonizar el dinero, el éxito o el poder

En 2023 terminó la huelga de mayor duración en Hollywood, de 118 días de duración. La queja provenía de los guionistas y actores y actrices, que exigían una mejora económica en sus salarios (además de alguna que otra reclamación relacionada con la inteligencia artificial). Al principio del desencuentro con las grandes productoras de cine uno de los directivos se preguntaba cómo podían exigir un salario más alto si trabajaban en lo que era su sueño. Y aquí está la trampa: pensaban que los guionistas y los actores y actrices estaban tan entusiasmados con su trabajo que no querrían tener un salario más justo o acorde con los tiempos actuales. Sin embargo, eso no es correcto, por sentido común y por el equilibrio de los motores por el que aquí abogamos. A veces, la trampa de demonizar la necesidad de dinero tiene un componente egoísta. Curiosamente, a quienes les apasiona el poder o tener millones en la cuenta corriente creen que el resto de las personas viven del aire. Pero más allá de eso, también somos nosotros mismos quienes nos juzgamos por gustarnos el dinero, el poder o el éxito.

Necesitamos el dinero, el estatus o el poder como el respirar (si obviamos a los ascetas); es legítimo, evolutivo y necesario. Es algo que se ha ido forjando a lo largo de nuestra evolución como primates. El resto de los animales con los que compartimos el planeta también luchan por tener cobijo y alimento y por estar bien situados en las escalas sociales si conviven con otros, y nosotros no somos diferentes a ellos. Negarlo es vivir en un mundo alejado de la realidad. Necesitamos sentirnos bien reconocidos y recompensados, también económicamente. Es sorprendente que personas que trabajan en departamentos de recursos humanos en ciertas culturas prejuzguen a candidatos, especialmente jóvenes, cuando lo primero por lo que preguntan en la entrevista de selección es el salario. De algún modo, al igual que se ha encumbrado el dinero, el poder o el estatus en determinados lugares, paralelamente se han demonizado en otras culturas, como si desearlos estuviera mal visto o tuviera que disimularse con otros argumentos.

Es legítimo que nos gusten el dinero, el estatus y el poder. El error es demonizarlos.

Podemos disfrutar del dinero y buscar la conexión espiritual al mismo tiempo, como ha sucedido con algunos maestros, que coleccionaban coches caros (otra cosa sería que defendieran la pobreza, lo cual sería incoherente). El problema está en el desequilibrio, insistimos, y en hasta qué punto estamos dispuestos a sacrificarnos por conseguirlo. Es más, si creemos en un proyecto fuertemente y despreciamos el poder como influencia, otras personas encontrarán el espacio para ocuparlo. En ocasiones, se trata de dar un paso adelante, no esperar a que otros nos den la palmadita en la espalda y nos otorguen el derecho a tener éxito y conseguir el dinero y el poder que creemos merecer. No hacerlo es equivalente a negar parte de nuestra evolución.

El objetivo es honrar el motor de adquirir como parte de nuestro proceso como humanos para llegar hasta aquí, equilibrarlo junto con los otros tres y ponerlo al servicio de algo más grande que nosotros mismos: un proyecto compartido, una comunidad, un equipo, una familia..., ganando sensibilidad y nivel de consciencia de lo que nos rodea y de nosotros mismos.

En definitiva, la historia de la humanidad está llena de guerras y conquistas por un único objetivo: dinero y poder. Las pirámides de Egipto se construyeron para la gloria de los faraones a costa de la vida de millares de personas. La mayor parte de las guerras antiguas y actuales persiguen lo mismo, poder y dinero, a pesar de que se disfracen con valores y propósitos elevados. Es más, cuando se estudia historia económica, se caen muchos mitos. Detrás de las grandes hazañas y de los nacionalismos, hay intereses económicos encubiertos. Es una pena que se manipule a las personas con bellos mensajes emocionales cuando en realidad sólo son entresijos para encubrir el nivel más bajo de sensibilidad de este motor: el dinero y el poder a cualquier precio.

Por suerte, aunque este motor sea de los más soñados, tenemos otros que nos han permitido llegar hasta aquí como especie y que también deben estar en equilibrio. Uno de ellos es el motor del vínculo, que vamos a ver en el próximo capítulo.

Resumen y preguntas para reflexionar sobre el motor de adquirir

Sabemos que todos tenemos el motor de adquirir, que puede estar en desequilibrio y que podemos tener más o menos nivel de consciencia o sensibilidad (véase el resumen a continuación). Como no siempre es fácil saber cómo nos afecta, te sugerimos algunas preguntas que incitan a la reflexión para que profundices en él, basadas en el estudio que llevó a cabo Michael junto con Ralph L. Piedmont.[15]

MOTOR DE ADQUIRIR EN EQUILIBRIO
Nos ayuda a poseer todo lo que necesitamos para vivir, tanto bienes materiales como inmateriales, que nos aportan satisfacción (en su justa medida y sin afectar a otros motores).
MOTOR DE ADQUIRIR EN DESEQUILIBRIO
Se convierte en el objetivo y no en el resultado. Pone parches a nuestras deficiencias de autoestima. Nos lleva a juegos de suma cero: ganamos nosotros a costa de otros. Lo convertimos en grandes obsesiones. Riesgo de demonizar el deseo de dinero, poder y éxito.

Si tuvieras que valorar el motor de adquirir en tu vida actualmente, en una escala del 1 al 10, siendo 1 «nada importante» y 10 «muy importante», ¿cómo lo puntuarías?

____

Si piensas en cinco o diez años atrás, ¿le otorgarías la misma puntuación? Y, si te vas aún más atrás en el tiempo, ¿tendría la misma puntuación? ¿Qué ha cambiado?

____

____

____

____

¿La riqueza y el estatus son los productos de una vida exitosa? Valora del 1 al 10 tu respuesta.

____

¿Qué significan para ti la riqueza y el estatus? ¿Cómo se expresan?

____

____

____

____

«Ganar suficiente dinero es la clave para una vida exitosa.» Valora del 1 al 10 cuán de acuerdo estás con esta afirmación.

____

¿Cuánto es para ti suficiente dinero?

«Quiero experimentar el éxito material en la vida.» Valora del 1 al 10 cuán de acuerdo estás con esta afirmación.

____

¿Cómo se plasma para ti el éxito material?

«Quiero ser una persona admirada por los demás.» Valora del 1 al 10 cuán de acuerdo estás con esta afirmación.

____

¿Qué significa ser una persona admirada? ¿Cómo podrías saber que lo has conseguido?

____

____

____

____

«Es importante tener un hogar agradable.» Valora del 1 al 10 cuán de acuerdo estás con esta afirmación.

____

¿Qué necesitaría tu hogar para ser agradable?

____

____

____

____

3

El motor evolutivo de vincularnos con otras personas

Benjamina de Atapuerca y cómo estamos programados para ser solidarios

En 2001 se descubrió un cráneo de más de quinientos mil años de vida que hizo enmudecer al mundo científico y a la opinión pública. Sucedió en la Sima de los Huesos de Atapuerca (Burgos),[1] uno de los yacimientos arqueológicos más importantes del mundo y donde se encuentran los humanos descubiertos más antiguos de Europa.

Desde finales del siglo XVIII se sabía de la existencia de estas cuevas y que allí se escondían algunos huesos, pero lo que facilitó su acceso fue, curiosamente, un fracaso empresarial. A finales del siglo XIX se impulsó un proyecto para la creación de una línea de ferrocarril minero que conectaría Burgos con el norte de España. Se realizaron unas excavaciones de 20 metros de profundidad para que pasara el tren. El proyecto ferroviario fue un completo fiasco económico; sin embargo, la trinchera dejó a la luz unas cuevas de roca caliza y dio pie a unas excavaciones arqueológicas en las que se encontraron restos de homínidos preneandertales. En 1992, Atapuerca[2] fue portada de la revista *Nature* y alcanzó un reconocimiento internacional. Uno de los hallazgos más emocionantes que se han hecho en estos años ha sido el cráneo número 14, que se descubrió en 2001.

El cráneo 14 perteneció a una niña de nueve años que nació con una malformación craneal severa. La patología que sufría se denomina craneosinostosis, y le supuso un serio retraso psicomotor, que se podía percibir también en el rostro. Era una niña diferente y no hubiera sobrevivido sin el amor y el cuidado de quienes la rodeaban. Se la bautizó como Benjamina, que significa «la más querida». Este hallazgo aporta una nueva perspectiva sobre nosotros y sobre quienes poblaron el Paleolítico. Benjamina es una demostración del motor que nosotros, 500.000 años después, seguimos teniendo presente en nuestra vida y que necesitamos para sobrevivir, para crecer y para completarnos como personas: el motor del vínculo.

MOTOR EVOLUTIVO DEL VÍNCULO

Es innato e independiente del resto.

Amor, cuidado, empatía, pertenencia a un grupo, lealtad, colaboración, solidaridad, amistad... que nos permiten:

- Querer y amar.
- Ser empáticos y leales.
- Cuidar a los más desfavorecidos y ser solidarios.
- Ser más libres como especie.
- Pertenecer a determinados grupos (país, raza, equipo de fútbol, edad, asociaciones...).

Benjamina no fue el único hallazgo que confirma nuestra solidaridad como especie. En Atapuerca también se encontraron los fósiles de dos individuos, bautizados como Miguelón y Elvis, con severos problemas para valerse por sí mismos. El primero tenía una importante infección dental y el segundo, una patología degenerativa. En la tribu nómada de hace quinientos mil años alguien tuvo que masticar la comida previamente para que Miguelón pudiera alimentarse y Elvis tuvo que recibir ayuda para moverse. Elvis murió de anciano, a la edad de cuarenta y cinco años (uf) y ambos sobrevivieron gracias al grupo y al motor evolutivo del vínculo.

La necesidad de vínculo es un motor primario, innato e independiente del resto que nos ha permitido llegar hasta aquí como especie. Gracias a este motor amamos, cuidamos, tenemos empatía, pertenecemos a los grupos, deseamos tener hijos con alguien a quien queremos, somos leales, cultivamos la amistad, somos solidarios con los más desprotegidos, participamos en asociaciones...; en definitiva, somos humanos. El vínculo es el primer paso para la pertenencia y para relacionarnos con los demás. A lo largo de la evolución este motor ha ido ganando protagonismo y se ha ido volviendo cada vez más sofisticado por varios motivos. Primero fueron los cambios climáticos los que nos obligaron a adaptarnos a situaciones nuevas. Después, el origen de la caza en clan, hace cerca de 1,8 millones de años. Parece que los primeros homínidos,[3] los *Homo habilis*, cazaban en grupo animales grandes, como cebras y antílopes gigantes.

Como los *Homo habilis* no tenían armas naturales —como tampoco tenemos nosotros, que no disponemos de garras ni de dientes como mandan los cánones de los depredadores—, los primeros *Homo* tuvieron que ingeniárselas para crear armas utilizando lo que encontraban: piedras, palos o lo que hubiera en aquel lago de Tanzania. Además de las piedras, necesitaban una coordinación para atrapar animales que podían ser más grandes que ellos. De ahí que el vínculo se refinara más. El tercer elemento que aún hizo más complejo el motor del vínculo vino de la mano del motor de comprensión cuando entró fuertemente en escena, como veremos en el siguiente capítulo.

Por último, cuando pasamos a ser sedentarios crecimos como especie y se crearon otro tipo de relaciones aún más complicadas. Sin embargo, el origen de la necesidad del vínculo va más allá de nosotros como especie.

Los cambios climáticos o el origen de la caza de animales más grandes que nosotros hace más de 1,8 millones de años obligaron a trabajar en equipo y a unos vínculos sociales cada vez más complejos.

Gráfico 3.1. Los cambios climáticos que llevamos a las espaldas

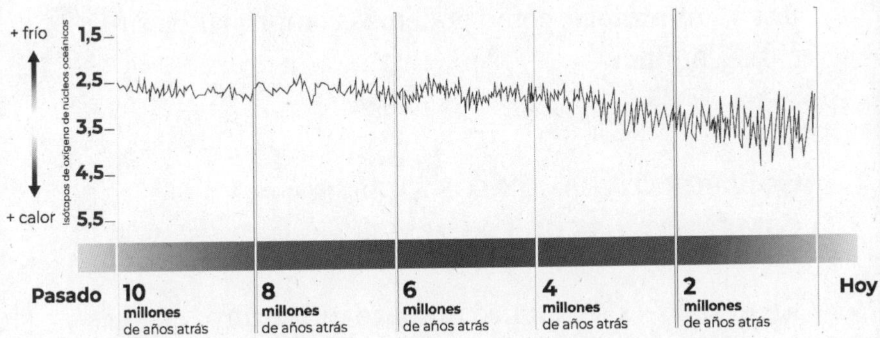

Fuente: Elaboración propia a partir de The Smithsonian's Human Origins Program.

Los animales se vinculan entre sí. Hasta las serpientes tienen amigos,[4] como han comprobado recientes investigaciones, que están tirando por tierra ciertas creencias sobre el reino animal.[5] Para los mamíferos, que entraron en escena hace doscientos millones de años, este vínculo es crucial para sobrevivir. Para nosotros como humanos, los mamíferos más avanzados, el motor del vínculo es pura y simple supervivencia, como el resto de los motores evolutivos. Necesitamos a la tribu para crecer, por lo que la evolución debió de favorecer a quienes fueron capaces de crear vínculos sociales fuertes. Somos solidarios con los nuestros y, al mismo tiempo, gracias a este motor, somos competitivos con los demás, sobre todo cuando tenemos poca sensibilidad o poco nivel de consciencia. Esto último justifica las guerras y los conflictos que han existido a lo largo de la historia de la humanidad. Ahora bien, cuando vienen mal dadas, nuestro comportamiento colectivo nos une y nos protege, como podemos comprobar en situaciones límite.

Colaborativos con los nuestros, competitivos con los demás

En el siglo xx se publicó un libro que influyó en la estrategia de la Segunda Guerra Mundial. Tanto Hitler como Churchill tomaron decisiones basándose en su teoría. El texto en cuestión era *Psicología de las masas*, escrito por el francés Gustave Le Bon,[6] que decía que, ante amenazas terribles como puede ser una guerra, las personas tienen la tendencia de velar sólo por su vida y de olvidarse del resto. En esas situaciones se rompería la unión de grupo y nacería en cada uno el instinto puro de supervivencia individual a cualquier precio. Fue un libro sumamente influyente en la época, por lo que no es de extrañar que tanto Hitler como Churchill lo conocieran (o, al menos, algunos de sus colaboradores directos).

A partir de la teoría de Le Bon se pensó que los ataques a la población civil conseguirían que se doblegara la moral y cayeran rápidamente derrotados porque no habría ninguna solidaridad. Como decía el autor, en una situación de emergencia el hombre desciende «varios peldaños en la escalera de la civilización», es decir, está dispuesto a matar a los de su mismo grupo por pura supervivencia. Así pensó Hitler respecto a Londres y así pensaron los aliados después, cuando bombardearon Alemania. Sin embargo, ambos bandos se equivocaron. Cuando comenzaron los ataques nazis a la ciudad de Londres, no hubo ningún éxodo masivo como había previsto Churchill erróneamente y los barrios más castigados por las bombas nazis fueron los que mostraron un resurgir económico más rápido en comparación con el resto. Cuando las tornas cambiaron y los aliados bombardearon a la población civil alemana, en unos ataques en los que murieron diez veces más personas que en Inglaterra, tampoco se produjo ninguna histeria colectiva. Es más, se reforzó el espíritu nazi y la producción armamentística en las ciudades alemanas más bombardeadas, lo que prolongó la duración de la guerra, según un informe posterior del Ministerio de Defensa estadounidense.[7]

> Los individuos que se vinculan entre sí tienen más posibilidades de sobrevivir a las amenazas del entorno que aquéllos que no lo hacen.
>
> PAUL LAWRENCE, sociólogo

El error de bulto de los bombardeos surgió por pasar por alto el motor del que estamos hablando, el del vínculo, que nos caracteriza como humanos y como mamíferos. Necesitamos a los nuestros para sobrevivir y para crecer. La solidaridad con los miembros de nuestro grupo es inherente y es visible en situaciones límite, como en el caso de los supervivientes del accidente aéreo de los Andes en 1972, como me explicó Carlitos Páez en el primer episodio del pódcast *NoMiedo*.[8] Por supuesto, también hay personas que andan muy perdidas o tienen poco nivel de consciencia y que dañan incluso a los suyos, como los psicópatas. Por cierto, se calcula que el 5 por ciento de la población tiene rasgos psicópatas y, además, suele ocupar altos cargos en política, en las grandes empresas o en la religión.[9] En fin.

También hay autores pesimistas que escriben ensayos o novelas con poco respaldo científico y que pintan un panorama muy oscuro del ser humano. Éste es el caso del escritor de *El señor de las moscas*, libro que influyó en toda una generación y cuya narración dista muchísimo de lo que sucede en realidad en situaciones parecidas. Hay varios casos verídicos que desmontan esta teoría sobre la que se basa la novela. Por supuesto, también existen las *fake news*, o noticias falsas, que se extienden a lo largo de las décadas. Adam Smith, el economista de referencia del capitalismo (y de mirada egoísta hacia el dinero), fue realmente un defensor de la colaboración entre los trabajadores. O incluso el propio Darwin, a quien se le atribuye la frase «Sobrevivirá el más apto» (léase el que mejor sepa adaptarse, el más fuerte...), tampoco la escribió nunca. Es más, Darwin siempre defendió la colaboración como la clave crucial de la supervivencia.

***Fake news*: Darwin nunca escribió la frase «Sobrevivirá el más apto». Sus escritos defienden la necesidad de la colaboración como clave de supervivencia (algo que, por cierto, es innato).**

Además de todo lo anterior, hay que añadirle el morbo de pensar que somos malos entre nosotros o que actuamos como lobos (pobres lobos). Insistimos: el motor del vínculo nos hace colaborativos con los nuestros y competitivos con el resto. Por eso no hay nada como tener un enemigo común para unirse, como sucede en las relaciones personales o incluso en las empresas. El problema surge cuando el nivel de consciencia es bajo. De ahí que cuando hay guerras, actos terribles o personas enfermas tengamos la capacidad única de aniquilar a quienes consideramos diferentes, ya sea por raza, religión, nacionalidad o lo que se nos ocurra. Sin embargo, una vez expuestas todas estas matizaciones, nosotros, como humanos, como parte de una evolución natural de millones de años, somos solidarios, necesitamos a los demás y nos apoyamos mutuamente para sobrevivir. Está en nuestro «programa interno». De ahí el gran error de Le Bon, de los bombardeos para debilitar los ánimos de la población civil o del dolor que sufrimos cuando nos sentimos aislados en nuestro mundo laboral o personal.

El dolor del rechazo en el cerebro

Nos duele no ser correspondidos por alguien que nos importa. Si estamos en un grupo de WhatsApp de amigos y, de repente, nos echan del grupo, tampoco nos resulta indiferente. Nos sucede lo mismo cuando nos excluyen de una reunión a la que queremos asistir, no nos invitan a un proyecto o a una fiesta o nos dejan de seguir en redes sociales personas que nos importan. Y ya no hablemos de cuando ignoran nuestras pretensiones románticas... Éstos son algunos ejemplos sencillos en los que las alarmas de nuestro motor del vínculo se disparan. Nos sentimos mal, de eso no hay duda, pero lo que la UCLA descubrió en 2009 fue que para nuestro cerebro suponía un dolor también físico.

Gráfico 3.2. El dolor emocional frente al dolor físico

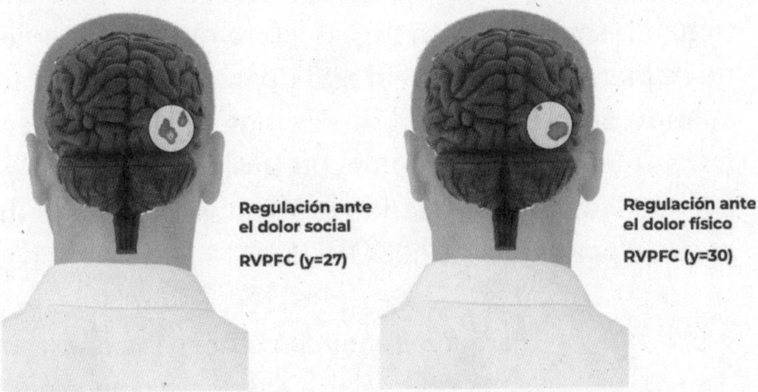

Fuente: Elaboración propia a partir del estudio de la UCLA.

El rechazo nos duele, y mucho. Como si nos dieran una patada. Que nos dejen de hablar personas a las que queremos o sentirnos excluidos nos produce un claro sufrimiento, aunque nos esforcemos en aparentar fortaleza de cara a la galería. En los estudios realizados por la UCLA se ha comprobado que el gen del receptor opioide mu (OPRM1) —casi nada con el nombre— entra en escena cuando nos hacemos daño físicamente. Curiosamente, también interviene cuando nos han rechazado. Aún hay más: parece que los receptores del dolor físico y el dolor social se superponen por una cuestión puramente adaptativa.[10] Como se observa en el gráfico 3.2., cuando sufrimos un dolor social (un rechazo), la zona del cerebro que se activa es similar a la que se pone en marcha cuando nos hacemos daño. En el primer caso incluso hay una parte más grande de la zona iluminada. Podríamos decir que puede llegar a doler más. No obstante, todo esto tiene un sentido: si no nos afectara quedarnos solos, no hubiéramos sobrevivido. Si no hubiéramos llorado cuando éramos bebés, hubiéramos sido una especie fracasada. Por eso sufrimos tanto si nos sentimos solos o aislados, como cuando estuvimos confinados durante la pandemia de la COVID-19.

> Para mí el mundo no tiene extraños, sino amigos a los que todavía no he conocido.
>
> Proverbio irlandés

Un vínculo sano tiene, además, otras ventajas como especie: nos aporta seguridad y mayores márgenes de libertad. De hecho, cuando se analiza cómo actúan los insectos que viven en sociedad, como las abejas o las hormigas, se revela que tienen un comportamiento marcial. Son pequeños ejércitos que no tienen capacidad de cuestionar ni el instinto. En nuestro caso no es así: el motor del vínculo que tenemos con los de nuestra tribu o en la sociedad a la que pertenecemos nos da unos márgenes de libertad muy superiores. De ahí que los vínculos sanos nos aporten la libertad necesaria para desarrollarnos, como les pasa a los niños en la relación con sus padres o ya de adultos, cuando tenemos confianza con nuestra pareja, con nuestros amigos o en la empresa en la que trabajamos. Por eso es tan rentable la confianza en las compañías y entre las personas: nos ahorra los malos rollos que pueden surgir debido a los conflictos. Ahora bien, cuando el motor del vínculo está desequilibrado, se abre la caja de Pandora de los miedos, lo pasamos mal y podemos caer en comportamientos poco adecuados, como veremos a continuación.

Gráfico 3.3. El motor del vínculo en desequilibrio

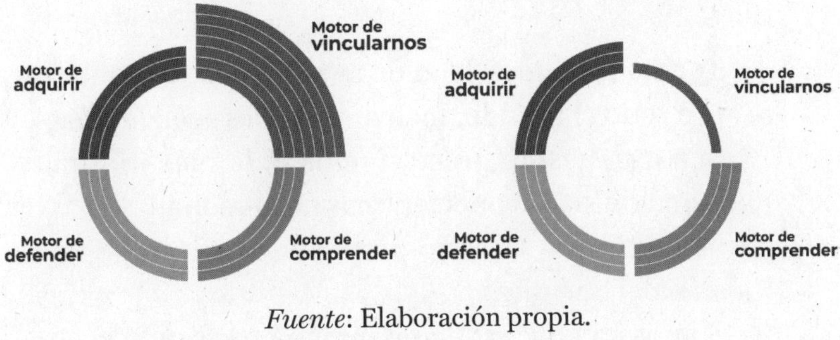

Fuente: Elaboración propia.

Las trampas del motor del vínculo en desequilibrio: adiós a ser uno mismo; hola, relaciones tóxicas

Los eternos «buenos chicos» y la urticaria a las críticas por miedo

¿Te molestan los comentarios negativos o las críticas (se entiende que no destructivas, claro)? Pueden ser a un trabajo que acabas de presentar o, sencillamente, a la ropa que te has puesto. La incomodidad ante el *feedback* negativo —como se dice en inglés, que suena más «frío»— puede esconder un miedo silencioso: el del rechazo. Una vez más, está relacionado con el desequilibrio del motor del vínculo. Cuando éste es excesivo con respecto al resto de los motores, se generan miedos e inseguridades que nos pueden afectar en un sinfín de comportamientos:

- Tenemos la necesidad de agradar constantemente a todo el mundo, incluso en redes sociales, hasta a quienes no prestaríamos ni la más mínima atención si los conociéramos en persona.
- No seguimos nuestro propio camino por la presión del qué dirán.
- Somos incapaces de presentar algo en público por el estrés que nos genera.
- No aceptamos las críticas, aunque tengan una intención positiva.

- Nos da miedo el reconocimiento del éxito en público, aunque lo deseemos, porque nos asusta destacar.
- Metemos los errores dentro de un cajón para seguir sintiéndonos queridos.
- Asumimos los deseos familiares por agradar a nuestros padres sin atrevernos a preguntarnos si es lo que realmente queremos.
- [...]

Todos los anteriores son ejemplos de un desequilibrio en el motor del vínculo que se apoyan en una respuesta evolutiva ante el miedo.

En mi libro *NoMiedo*[11] escribí sobre las cuatro respuestas automáticas que tenemos como mamíferos sociales ante los peligros. Sin embargo, no recogí una quinta, que se descubrió posteriormente y que no siempre aparece en todos los manuales. Las cuatro respuestas[12] tradicionales son las siguientes:

- Salir huyendo de situaciones que nos asustan (evitar algo que no nos gusta con mil excusas. Somos auténticos artistas inventando argumentos).
- Ponernos agresivos (aunque sea por un simple comentario sobre algo que nos hemos puesto y no nos queda bien del todo).
- Quedarnos congelados o inmovilizados (como cuando enmudecemos en una reunión o nos quedamos en blanco en un examen).

- Adular o hacer la pelota (es un acto instintivo, aunque luego siempre hay quien lo profesionaliza).

Las anteriores respuestas han sido las habituales para explicar cómo salimos con vida de los peligros los mamíferos sociales. Tiempo después se incluyó la respuesta relacionada con el vínculo; no porque no estuviera presente con anterioridad, sino porque es más sutil y sofisticada que las anteriores.

Ser la mona más agradable de la manada tiene una ventaja evolutiva: cuando haya una amenaza, la mona más querida tendrá más posibilidades de que la ayuden a ella y a su prole a escapar del peligro. Ser agradable refuerza el motor del vínculo. Nos vinculamos mejor con las personas que nos caen bien que con las que no podemos ni ver, por razones obvias. Los monos alfa, los que mandan en la tropa, también dedican tiempo al cuidado del vínculo. De hecho, parece que son capaces de mandar hasta a un máximo de 150 animales y lo hacen no sólo usando la fuerza física, sino también su capacidad de influencia: atendiendo a los demás en situaciones difíciles, compartiendo comida, rascándose unos a otros... En fin, cuidando el vínculo al estilo mono.

La respuesta de ser «simpáticos» es, por tanto, algo también innato y que está tatuado en nosotros para que podamos salir vivos de los peligros. De hecho, las eternas sonrisas cuando estamos con alguien que ostenta poder reflejan la necesidad de ser aceptados desde la simpatía. Si quieres comprobarlo, echa un vistazo a alguna foto en que aparezca algún poderoso con sus seguidores. El que manda quizá no exprese ni una mueca, pero el resto muestran su mejor «sonrisa Profidén». Esta habilidad natural *a priori* es positiva. Sin embargo, si está en desequilibrio respecto al resto de los motores, surge un problema.

A nuestras espaldas cargamos con más de doce millones años de evolución como primates y este software no se ha «actualizado» para vivir en ciudades. Los comportamientos de los animales de hace miles de años no se diferenciaban mucho de los actuales y sus problemas no distaban demasiado de los que tienen ahora (excepto los que les creamos nosotros, por supuesto). Sin embargo, nuestra sociedad se ha vuelto mucho más compleja para los humanos. El motor del vínculo ha ido adquiriendo cada vez más importancia, pero su desequilibrio nos juega malas pasadas, como hemos comentado al principio. Un ejemplo muy concreto de ello se puede observar en la negociación de los salarios.

Cuando el motor del vínculo es excesivo con respecto al resto de los motores, se abre la caja de Pandora de los miedos y las inseguridades.

Esconder la asertividad en un cajón y no negociar ni el salario

Hace una década comenzó un movimiento interesante en Silicon Valley para que hubiera más presencia de mujeres en posiciones directivas y para que tuvieran un salario más equitativo. Aquel movimiento llegó a distintos sectores y países. Sin embargo, se topó con un pequeño problema por el camino: parecía que las mujeres no sabíamos negociar tan bien el salario como los hombres.

A raíz de ese supuesto, se iniciaron varias investigaciones. Una de ellas surgió por una anécdota de una de las investigadoras, decana de su universidad. Cuando supo que un colega suyo ganaba más que ella, se acercó al rector para preguntarle los motivos. El rector le respondió con naturalidad: «Porque él me lo pidió». En fin... Había muchas posibles lecturas, pero ella se quedó con una: la decana, a diferencia de su colega, no lo había solicitado. Esa falta de asertividad le despertó la curiosidad de indagar si le sucedía sólo a ella o era algo generalizado. Aún más, quiso saber qué nos frena a ciertas personas a la hora de negociar el salario abiertamente. Como puedes imaginar, este freno está relacionado con el motor del vínculo y con cómo lo interpretamos.

En la investigación[13] se pidió a los 402 participantes que vieran un vídeo de personas que negociaban su salario con su jefe de dos maneras distintas. Realmente estas personas eran actores y actrices, aunque quienes vieron el vídeo lo desconocían. En una de las situaciones una mujer mostraba su preocupación por la relación con su jefe y decía frases como «Espero que esté bien pedir esto» o «Mis relaciones con la gente son muy importantes para mí». En la otra situación la actriz negociaba el salario diciendo que tenía otra oferta laboral. Así de simple. Después de visionar las dos situaciones, los participantes tuvieron que responder a un cuestionario sobre qué les habían parecido. Sobre la primera situación consideraron que la mujer había escogido una modalidad apropiada de negociación y, sobre la segunda, que había resultado demasiado «agresiva» y poco agradable. Sin embargo, estas opiniones eran opuestas cuando quien negociaba era un hombre: la segunda alternativa estaba bien vista para el caballero. Y, lo que es peor, las valoraciones negativas hacia la candidata provenían tanto de las mujeres como de los hombres que visionaron las entrevistas. Sin comentarios. Por último, un dato curioso: se veía con mejores ojos la negociación del salario cuando la mujer explicaba que lo hacía por terceros o porque alguien se lo había sugerido (otra manera de apoyarse en el vínculo).

Más allá de los estereotipos y de la presión social —aspectos que, por suerte, están cambiando—, la dificultad para evitar negociar un salario se debe a varios motivos. Uno de los que me he encontrado con frecuencia en el mundo de la empresa es el miedo a dañar el vínculo. También el miedo a dejar de ser una «buena chica» o un «buen chico». Es como si tuviéramos que esperar que los otros reconocieran nuestra valía y no pudiéramos hacerlo nosotros mismos. En algunos países y culturas esto se evidencia cuando se evita decir lo que realmente se piensa en las reuniones y se opta por comentarlo posteriormente en encuentros individuales en el pasillo. El miedo al qué dirán puede llegar a ser tan fuerte en las empresas que paraliza la toma de decisiones y empeora el ambiente de trabajo. De nuevo, esto tiene que ver con el desequilibrio del motor del vínculo.

Un motor del vínculo desequilibrado destruye la capacidad de autocrítica y, por ende, de ser uno mismo. Necesitamos equilibrarlo para que disminuya la necesidad compulsiva de agradar.

Nosotros contra ellos. Así de simple

Hemos hablado de las trampas que nos erosionan cuando el motor está desequilibrado, pero existen otras que pueden ser realmente peligrosas y que ocurren cuando creamos divisiones infranqueables entre «ellos» y «nosotros». De nuevo, esto tiene una base evolutiva, que genera mecanismos inconscientes. Te proponemos un pequeño ejercicio para comprender cómo funcionamos y los riesgos que afrontamos.

En el gráfico 3.4 verás una serie de palabras en tres colores (blanco, gris y negro). Por favor, pronuncia en voz alta el color de cada una de las palabras:

Gráfico 3.4. Intenta decir el color de cada palabra (nivel 1)

GRIS	NEGRO	BLANCO	BLANCO
GRIS	NEGRO	GRIS	NEGRO
NEGRO	GRIS	GRIS	BLANCO
BLANCO	NEGRO	NEGRO	NEGRO
NEGRO	BLANCO	BLANCO	BLANCO
GRIS	BLANCO	GRIS	NEGRO

GRIS	NEGRO	BLANCO	BLANCO
GRIS	NEGRO	GRIS	GRIS
BLANCO	GRIS	NEGRO	NEGRO
NEGRO	NEGRO	GRIS	BLANCO
GRIS	BLANCO	BLANCO	GRIS
NEGRO	BLANCO	NEGRO	NEGRO

Fuente: Elaboración propia basada en el test Stroop.

Es fácil, ¿verdad? Ahora inténtalo con la serie de palabras del gráfico 3.5.

Gráfico 3.5. Intenta decir el color de cada palabra (nivel 2)

GRIS	NEGRO	BLANCO	BLANCO	NEGRO
GRIS	NEGRO	GRIS	NEGRO	BLANCO
NEGRO	GRIS	NEGRO	NEGRO	GRIS
BLANCO	BLANCO	GRIS	BLANCO	GRIS
GRIS	NEGRO	BLANCO	BLANCO	NEGRO

GRIS	NEGRO	BLANCO	BLANCO	NEGRO
GRIS	NEGRO	GRIS	NEGRO	BLANCO
NEGRO	GRIS	NEGRO	NEGRO	GRIS
BLANCO	BLANCO	GRIS	BLANCO	GRIS
GRIS	NEGRO	BLANCO	BLANCO	NEGRO

Fuente: Elaboración propia basada en el test Stroop.

El gráfico 3.5 cuesta un poco más, ¿verdad? Seguramente te habrá resultado complicado y puede que te hayas confundido en alguna. Hubiera sido aún más difícil si hubiera estado escrito en diferentes colores. El motivo es sencillo: cuando el nombre del color no concuerda con el texto que previamente leemos, el cerebro se tropieza y va más despacio. De manera inconsciente creamos categorías (colores y palabras) y, cuando no coinciden, necesitamos hacer un esfuerzo extra para avanzar. Sin embargo, esta manera de pensar tiene un sentido. Como nuestra mente necesita velocidad para actuar por supervivencia, lo más fácil es crear categorías previas, es decir, meter a todo el mundo en el mismo saco para así no tener que hacer ningún esfuerzo. Ya sabes, las rubias son tontas, todos los españoles duermen la siesta diariamente, los alemanes son fríos en sus decisiones..., por enumerar algunos ejemplos que nos atañen a Michael y a mí. De este modo, creamos categorías para todo lo que nos rodea: las mujeres y los hombres, los altos y los bajos, los de derecha y los de izquierda... Agrupamos a las personas sin preocuparnos mucho por cómo son realmente.

Cuando conocemos a alguien, por ejemplo, recibimos unos 11 millones de bits de información en forma de sonido, imágenes... Sin embargo, nuestra capacidad consciente sólo es capaz de procesar 40 bits a la vez, lo que significa que perdemos el 99,999996 por ciento[14] de la información sobre lo que nos rodea, incluso sobre la persona a la que acabamos de conocer. Por eso somos más rápidos procesando si hemos creado unas categorías previas: si son de tal raza, son amigos; si no, son enemigos; si son de tal sitio o tienen un físico determinado, son confiables... Todo ello está relacionado con la supervivencia y es positivo. Si vamos por calles con poca iluminación y vemos a alguien con malas pintas, no necesitamos que se nos acerque para saber que debemos tener cuidado. Es de suponer que eso le ocurría antes al ser humano cuando veía a los tigres con dientes de sable y demás animales peligrosos. Nuestra categorización de la información nos alerta del peligro (persona con malas pintas en lugares peligrosos = hay que tener cuidado). Sin embargo, puede llegar a encerrar una trampa importante.

> Los humanos evolucionaron durante millones de años en pequeñas bandas de unas pocas decenas de individuos. Los pocos milenios que separan la revolución agrícola de la aparición de ciudades, reinos e imperios no fueron suficientes para permitir la evolución de un instinto de cooperación en masa.
>
> YUVAL NOAH HARARI, autor de *Sapiens*

Cuando entró en escena en nuestra mente el tercer motor, el de comprender, las divisiones entre las personas distintas ganaron más fuerza y se volvieron más complejas: el racismo, los nacionalismos, la xenofobia, las cruzadas religiosas... no dejan de ser divisiones muy peligrosas entre las personas distintas a nosotros. Como indica Harari, no estamos preparados para una cooperación en masa (a no ser que hubiera un peligro externo que nos obligase a unirnos, podríamos añadir). De ahí se derivan algunas de las tensiones sociales existentes. Algunas son ligeras e incluso intencionadas, como cuando nos identificamos con equipos deportivos (aunque hay quien casi daría su vida por el fútbol). Otras son más preocupantes, como cuando discriminamos a las personas por género o por edad. Y otras acaban siendo muy peligrosas, cuando se llega a perseguir a las personas por su raza, religión o nacionalidad, lo que ha abierto la puerta a guerras y a un sufrimiento innecesario a lo largo de la historia. En estos casos, tristemente, la creatividad del ser humano para justificar sus actos no tiene límites.

Todo lo anterior se debe a una descompensación en los motores evolutivos y a bajos niveles de consciencia o de sensibilidad hacia los demás. De nuevo, el camino correcto vuelve a estar en el equilibrio, para aprender a cuestionarnos, y en conseguir un mayor nivel de sensibilidad respecto a lo que nos rodea. Más allá de las diferencias visuales, somos el resultado del triunfo de la evolución de millones de homininos, con nuestras torpezas y nuestros aciertos. Las categorías o clasificaciones no dejan de ser meras interpretaciones. Esto no significa caer en actitudes ingenuas de pensar que «todo el mundo es bueno siempre». Significa tomar consciencia de este mecanismo inconsciente y, cuando nos sintamos muy seguros y orgullosos de cómo somos en cuanto a nuestra raza, cultura, tendencia sexual, edad, género, país..., vale la pena tomar perspectiva, pensar en lo que nos une y aprender a cuestionarnos un poco más a nosotros mismos. En todo ello el motor de comprender juega un papel esencial, como vamos a ver a continuación.

Resumen y preguntas para reflexionar sobre el motor del vínculo

MOTOR DE ADQUIRIR EN EQUILIBRIO
Nos permite pertenecer a los grupos, vincularnos con los demás, ser solidarios y empáticos, amar, tener amigos y ser libres desde la confianza.
MOTOR DE ADQUIRIR EN DESEQUILIBRIO
• «Eternos buenos chicos» y urticaria ante las críticas. • Adiós a la asertividad. • Caer en relaciones tóxicas por miedo a la soledad. • Mundo dicotómico: nosotros contra ellos. Una vez que hemos visto el poder del motor del vínculo, a continuación te sugiero algunas preguntas que incitan a la reflexión para que profundices en él y en el impacto que genera en tu vida.[15]

Si tuvieras que valorar el motor del vínculo en tu vida actualmente, en una escala del 1 al 10, siendo 1 «nada importante» y 10 «muy importante», ¿cómo lo puntuarías?

____

Si piensas en cinco o diez años atrás, ¿le otorgarías la misma puntuación? Y, si te vas aún más atrás en el tiempo, ¿tendría la misma puntuación? ¿Qué ha cambiado?

Hacer amigos es una habilidad importante para ti? Valora del 1 al 10 tu respuesta.

____

¿Estás satisfecho con las amistades que tienes ahora? ¿Cómo podrías mejorarlas?

¿Te gusta tener buenas relaciones con las personas con las que te relacionas? Valora del 1 al 10 tu respuesta.

____

¿Hay alguna relación que te gustaría mejorar? ¿Qué podrías hacer para conseguirlo?

____

____

____

____

¿Te gusta pasar tiempo con tu familia? ¿Y con amigos? Valora del 1 al 10 tus respuestas.

____

¿Hay algo que cambiarías? En caso afirmativo, ¿qué sería?

____

____

____

____

¿Consideras el respeto a los demás como uno de los grandes regalos en la vida? Valora del 1 al 10 tu respuesta.

____

¿Qué mejorarías en este apartado?

¿Tienes personas a tu alrededor que te apoyan? Valora del 1 al 10 tu respuesta.

____

¿Qué necesitarías para aumentar esta valoración, si no estuvieras satisfecho con la situación actual?

4

El motor evolutivo de aprender y comprender

¿El tamaño importa? (al menos, el del cerebro)

Si tuviéramos que señalar el lugar de la casa que más nos recuerde al éxito en nuestra evolución, no destacaríamos el sitio donde colocamos la tecnología punta (móviles, ordenadores...), sino algo más sencillo y aún más poderoso: la cocina y la mesa donde comemos y conversamos. Todavía se desconocen muchísimas claves de la evolución humana, aunque parece que existe un consenso sobre lo que produjo un salto cualitativo: comer alimentos cocinados con fuego y el uso del lenguaje. Estos aspectos dieron pie al motor más diferencial que nos caracteriza como especie, el de comprender, así que una comida con una buena conversación es un homenaje a nuestra evolución como *Homo sapiens*. No está mal recordarlo de vez en cuando para saborearlo mejor.

La evolución nos ha regalado un cerebro cada vez más grande, que nos ha permitido construir instrumentos cada vez más sofisticados, desde las hachas neolíticas hasta curiosear por el espacio. Los investigadores analizan si todo se debe al tamaño del cerebro o no, y lo cierto es que no está claro. Nuestro cerebro es especialmente grande para nuestra corpulencia física, en torno al 2 por ciento de la masa corporal, pero no es el más grande del reino animal, por supuesto. El cerebro de un elefante es hasta cinco veces mayor que el nuestro, pero eso no significa que sea más inteligente. Los gorilas están en el otro extremo y salen perdiendo en el mundo de las comparativas: son gigantes, pero su masa gris es menos de una tercera parte que la nuestra. En el otro extremo está un animal raro, parecido al topo, como es la musaraña (en las que nos quedamos pensando de vez en cuando), cuyo cerebro supone el 10 por ciento de su peso.[1] De este modo, no está claro que el tamaño relativo importe.

Para añadir más complejidad al tema, vamos a aportaros algún otro dato. Sabemos que no todos los *sapiens* tenemos la misma talla de cerebro, como es de imaginar. Si contemplamos la evolución, vemos que nuestros «hermanos», los neandertales, tenían una capacidad superior a la nuestra (nuestros 1.350 cm^3 de media en comparación con los 1.500 cm^3 de ellos). Tampoco parece que fueran más inteligentes a la hora de saber adaptarse. Se cruzaron con algún *sapiens* por el camino, pero desaparecieron hace unos cuarenta mil años. Además, en los últimos tres mil años, nuestra capacidad craneal se ha reducido. Más adelante profundizaremos en ello, porque refleja una cualidad evolutiva muy interesante que hay que tener en cuenta.

Gráfico 4.1. Crecimiento de la capacidad craneal, que se aceleró hace dos millones de años

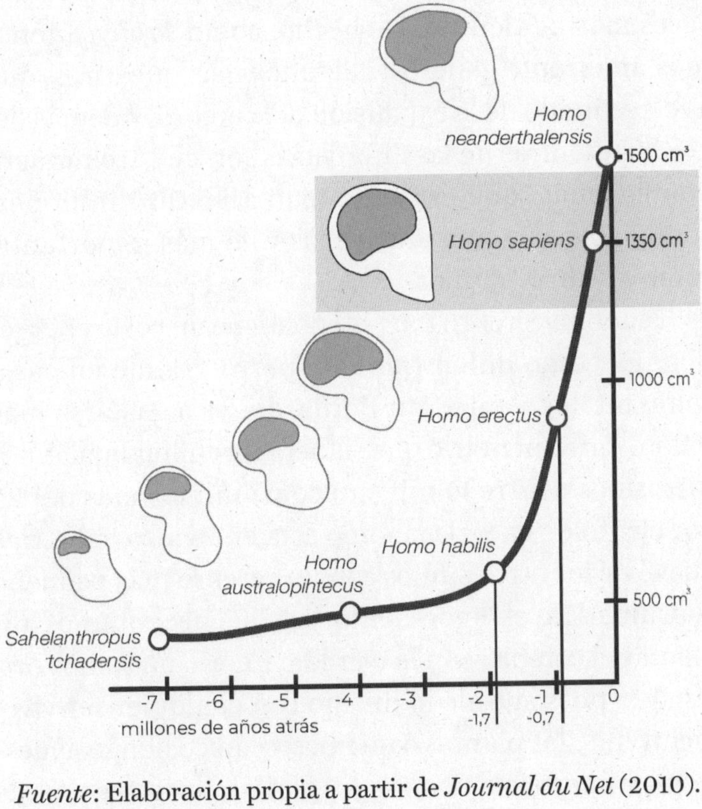

Fuente: Elaboración propia a partir de *Journal du Net* (2010).

Más allá de las comparativas, está claro que nuestro cerebro ha sabido crecer más que el de cualquier otro animal en todo el planeta, especialmente, una sección fundamental: el neocórtex y la zona prefrontal. Somos los reyes del neocórtex. Éste ha triplicado su tamaño en apenas 1,5 millones de años de evolución —lo cual no es mucho en el tiempo global—, mientras que el de los grandes simios, como el gorila, ese «primo» aún más lejano, ha permanecido igual durante al menos cuatro veces más de tiempo. De hecho, como *sapiens*, tenemos una frente generosa, algunos más que otros, que es el resultado de la expansión del cerebro. Además del neocórtex, otras de las diferencias son nuestro número de neuronas, que está en torno a 86.000 millones, cómo interaccionan entre ellas y, lo más importante, cómo las alimentamos.[2]

Tener un cerebro tan potente tiene un coste energético. Es como quien tiene un perro grande en casa, como un dogo o un San Bernardo: va a gastarse más dinero en alimentarlo que si fuera un chihuahua. A nosotros nos ocurre lo mismo: consumimos más del 25 por ciento de energía cuando está en reposo, mientras que el de los otros simios con un cerebro más pequeño consume sólo el 8 por ciento. Así que necesitamos alimentar el cerebro con la comida. En eso no somos originales, pues sucede lo mismo con cualquier ser vivo, incluyendo las plantas o un microscópico hongo. Nuestros «primos» lejanísimos, los gorilas, invierten más de ocho horas en comer diariamente para alimentar sus

53.000 millones de neuronas. Si nos aplicáramos esta regla, necesitaríamos estar más de nueve horas al día comiendo. Como esto, en general, no sucede, excepto en algún caso raro de una persona que no pueda parar de picar, la explicación hay que buscarla en el tipo de alimentos que ingerimos y la clave está en la comida cocinada con fuego.

Comenzamos a utilizar el fuego hace unos ochocientos mil años,[3] aunque hay investigadores que sugieren que apareció antes, incluso hace 1,5 millones de años. Uno de los usos era cocinar lo que se cazaba. Cuando ingerimos comida cocinada, absorbemos los suficientes nutrientes para no dedicar tanto tiempo a la alimentación, además de matar posibles gérmenes y parásitos. El uso del fuego fue la causa del gran salto diferencial que dimos como especie. Ya lo escribió Darwin, que lo consideró como el gran descubrimiento de la humanidad, junto con el lenguaje. Curiosamente, el crecimiento del cerebro coincidió con la reducción de nuestro tracto intestinal, puesto que la carne cocinada se digiere más rápidamente que los vegetales. Además, un intestino largo consume mucha energía, por lo que, en nuestro proceso evolutivo, preferimos pensar más que invertir en largas digestiones. Gracias a esta decisión evolutiva —poco consciente, por cierto—, tenemos la capacidad de aprender, curiosear y expresarnos de manera simbólica. Es el resultado de un motor innato, el de comprender lo que nos rodea y comprendernos a nosotros mismos. Este impulso es exclusivo del ser humano (al menos con este grado de perfeccionamiento) y es independiente del resto de los motores. Lo tenemos codificado en nuestro interior y, si no está en equilibrio con los demás, volvemos a sentirnos mal.

Cuando no somos capaces de comprender lo que nos rodea, cuando estamos imposibilitados para seguir aprendiendo o cuando hacemos trabajos rutinarios que nos llevan al hastío, el motor entra en desequilibrio. Si estamos anestesiados a diario por las redes sociales, las series de televisión o los videojuegos, que sólo nos distraen y nos impiden seguir aprendiendo, volveremos a estar mal. Quizá las consecuencias sean visibles a medio plazo, pero la sensación de plenitud no se logra con anestesias de ningún tipo.

No obstante, el desequilibrio también puede tener otra causa: el exceso. Si nos cegamos con un propósito y perdemos los otros motores por el camino, volveremos a caer en una erosión, que mostrará sus efectos a medio o largo plazo. De nuevo, necesitamos el equilibrio para crecer y para sentirnos completos como humanos.

MOTOR EVOLUTIVO DE COMPRENDER
Es innato e independiente del resto.

Nos ayuda a aprender, a comprender lo que nos rodea y a nosotros mismos y a vivir en sociedades más complejas. Es el más diferencial que tenemos como humanos y se traduce en:

- Curiosidad, aprendizaje social y capacidad de cuestionarnos.
- Pensamiento simbólico: imaginamos el futuro o el pasado, que van más allá del contacto directo con el entorno.
- Lenguaje sofisticado, exclusivo de los humanos.
- Creación y asunción de conceptos compartidos: mitos, estados, economías...
- Necesidad de encontrar un sentido o propósito a lo que hacemos.

Cuando no somos capaces de comprender lo que nos rodea, cuando estamos imposibilitados para seguir aprendiendo o cuando hacemos trabajos rutinarios que nos llevan al hastío, el motor entra en desequilibrio.

El pensamiento simbólico en acción: pinturas rupestres y marcas comerciales sexis

Apple, Microsoft y Coca-Cola tienen algo en común: se conocen en los casi doscientos países de este planeta y forman parte de la lista de las marcas más valiosas, según la revista *Forbes*. Las marcas son símbolos que nos inspiran y en los que confiamos; nos transmiten sensaciones, estatus, placer, juventud... Cuando una marca nos representa incluso somos capaces de tatuárnosla en la piel. Los publicistas conocen muy bien el poder de las marcas y por eso invierten cantidades ingentes en mostrarnos la cara amable de estos símbolos. El proceso por el que nos vinculamos a las marcas es parecido a cuando nos sentimos identificados con movimientos en redes sociales, cuando votamos en las elecciones o cuando profesamos una religión. Todo el entramado oculto de estas decisiones se apoya en un proceso innato que nos diferencia como humanos y que ha sido uno de nuestros éxitos evolutivos: el pensamiento simbólico.

Gráfico 4.2. La Cueva de las Manos (Santa Cruz, Argentina, nueve mil años de antigüedad)

Fuente: © Unesco.

Gracias al pensamiento simbólico, imaginamos, tenemos en mente representaciones y las proyectamos en el tiempo. Esta capacidad está fuertemente vinculada con el motor del que estamos hablando, el de comprender, lo cual se ha ido mostrando a lo largo de los miles de años de evolución en múltiples expresiones: hemos imaginado herramientas, hemos utilizado pigmentos y hemos pintado cuevas con las manos o representado animales (bisontes en Europa, canguros en Australia, cerdos verrugosos en Asia...). La capacidad de pensar y de planificar el futuro, de dejar una huella o de recordar y aprender del pasado es lo que construye el nivel más elevado de inteligencia que nos caracteriza como humanos, en el que el pensamiento simbólico juega un papel esencial. Pensamos más allá de lo que vemos en el momento y necesitamos entender lo que nos sucede. Necesitamos aprender constantemente de los demás y de nosotros mismos, porque así somos y así hemos evolucionado, a diferencia de otras especies que poblaron la tierra.

El pensamiento simbólico nos ha abierto las puertas a un mundo nuevo para planificar el futuro y para expresarnos como humanos.

Los otros mamíferos también aprenden, igual que lo hacen las aves. Como muestra de ello, pensemos en los animales que nos acompañan en casa, en cómo saben dónde tienen la comida o cuál es su zona de dormir. También otros homínidos aprendieron, como sucedió con los

Homo erectus («humano erguido»), quienes poblaron la Tierra durante mucho más tiempo que nosotros (véase el gráfico 4.3). Fueron los auténticos nómadas, que salieron de África, donde vivieron hace dos millones de años, para recorrer otros lugares lejanos. Construyeron instrumentos útiles, como hachas, que se ajustaban a sus manos. Éste fue un gran avance, sin duda, en comparación con sus antepasados. Sin embargo, durante más de cuarenta mil generaciones construyeron las hachas exactamente de la misma manera, no innovaron. Uno de ellos debió de desarrollarla por algún motivo y el resto, año tras año, repitió el patrón. En este aspecto, los seres humanos de hoy en día nos diferenciamos claramente de aquellos *Homo erectus*: nosotros copiamos, sí, pero también imaginamos y creamos cosas nuevas. El proceso de crear algo en la mente y proyectarlo se debe al pensamiento simbólico, y por este motivo necesitamos comprender y ver más allá.

Gráfico 4.3. Cronología de los distintos humanos que han pisado esta tierra

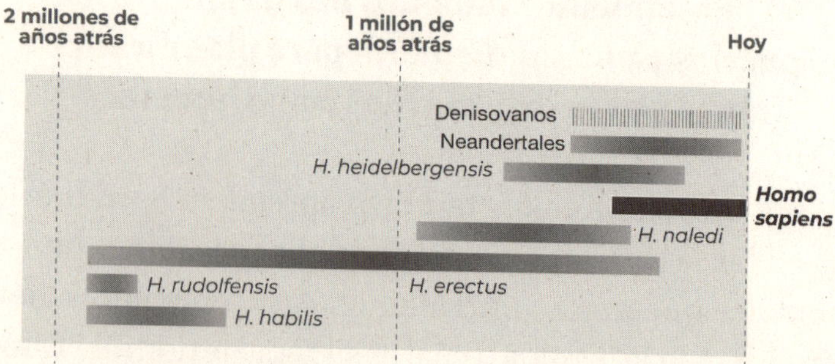

Fuente: Elaboración propia a partir de *National Geographic*.

Los trabajos repetitivos que no nos permiten avanzar nos consumen por dentro. Los que no tienen un propósito o un sentido también nos queman, porque chocan frontalmente con el motor de comprender. Es más, en situaciones extremas, como en el caso de los supervivientes de los campos de concentración rusos tras la Segunda Guerra Mundial, los gulags, decían que, más allá de la dureza de la vida confinada allí, lo que más los erosionaba era construir un muro para después derribarlo, es decir, hacer algo que no tenía sentido. Esa necesidad de comprender el para qué de lo que somos o incluso quiénes somos es característica del pensamiento simbólico y el resultado del motor del que estamos hablando. Si éste falla, se produce un desequilibrio que nos daña por dentro. De ahí que darle una explicación a lo que nos rodea sea tan importante en nuestras relaciones de pareja, en nuestro trabajo y en nuestra propia vida. Hemos de ser conscientes de cómo operamos para sentirnos realmente plenos. Es el resultado de nuestra evolución, que aún ganó más fuerza con otro elemento puramente humano, como veremos a continuación.

Las herramientas más subversivas que tenemos

Las primeras palabras escritas que han llegado hasta nuestros días no encierran mucho romanticismo que digamos.[4] Están escritas en una tablilla de arcilla procedente de Mesopotamia, de la ciudad de Uruk, en el actual Irak, y datan de hace unos 5.400 años. No es un texto épico ni una poesía; ni siquiera habla de un profeta, sino que es algo más mundano: se trata de unas anotaciones sobre la cantidad de cebada registrada en 37 meses. Eso sí, parece que el texto tiene una firma: «Kushim». El primer nombre que deja una huella para la historia es un contable. No está mal para los economistas (sector en el que nos incluimos Michael y yo).

El lenguaje es una de las expresiones más elevadas del pensamiento simbólico y representa un éxito en la evolución humana. No queda claro cuándo comenzamos a hablar, pero algunos expertos indican que hace medio millón de años pudimos tener una comunicación tan compleja como la actual. Sin embargo, otros señalan que hace más de 2,6 millones de años los *Homo habilis* no habrían podido conseguir aquellos trofeos de caza si no hubiesen podido comunicarse de un modo más sofisticado que el resto de los animales. Por tanto, la fecha no está clara. No obstante, sí parece existir un claro consenso en el hecho de que el lenguaje oral ha sido uno de los grandes triunfos de nuestra evolución, como ya señaló Darwin en su libro *El origen del hombre* en 1871. Es lo que nos ha permitido llegar hasta donde estamos, porque rompe con los límites impuestos por la propia naturaleza. Nos ayuda a avisar de los peligros («Hay un mamut en el valle de al lado»), nos permite compartir cómo son los otros

(«Fíate más de Fulanito que de Menganito») y, aún más importante, nos sirve de conexión social en torno a ideas compartidas.

El macho alfa de los chimpancés puede llegar a influir a un máximo de 150 individuos. Todos los de su cuadrilla lo conocen, lo han rascado, han jugado con él o han compartido comida. Todos lo han tocado en alguna ocasión. Sin embargo, la cantante Taylor Swift, considerada como la persona más influyente en 2023 por la revista *Time*, cuenta con unos trescientos millones de seguidores sólo en Instagram. Sus fans hacen horas de espera para asistir a uno de sus conciertos (alguno, incluso, ha perdido la vida por esperar bajo un sol al que poco le importan las buenas intenciones). Ella, a diferencia de los primos lejanos, no ha necesitado abrazar a todas las personas que la imitan, que la adoran o que se saben sus canciones. Swift es un fenómeno social y ha llegado hasta aquí gracias a la habilidad de la comunicación y de nuestro querido pensamiento simbólico. Su música gusta, se la idolatra y se construye una ficción en torno a su persona. Los medios son expertos en hacerlo. Es lo que ha sucedido también con los grandes ídolos, con los emperadores de Roma, con las figuras religiosas y con los políticos que ahora saben manejar las redes sociales, y todo ello gracias al arma más subversiva que tenemos como especie: el lenguaje y la capacidad de crear ficción para unirnos o para separarnos.

> No vivimos en un mundo sólo real, sino también imaginado.
>
> MANUEL DOMÍNGUEZ-RODRIGO, catedrático de la Universidad de Alcalá de Henares

El lenguaje comenzó con la comunicación oral y sigue teniendo una fuerza poderosa. De hecho, existen grandes líderes que han sido adorados por la prensa y por el gran público porque han sabido comunicar de manera excelente, aunque luego sus equipos estuvieran realmente quemados. La capacidad de comunicar las ideas es tan importante como las ideas en sí mismas. En la cultura estadounidense lo tienen clarísimo: lo entrenan y lo practican desde el colegio. Saben presentar su experiencia profesional con una habilidad que al resto de las culturas les puede resultar apabullante (aunque luego no sea para tanto, pero así es el marketing, el lenguaje evolutivo actual).

Después el lenguaje dio un salto importante cuando se plasmó en otros soportes, como parece que hizo Kushim para no olvidarse de la cantidad de cebada que habían recogido en 37 meses. Poco a poco se fue perfeccionando, hasta llegar a fijar las ideas para el gran público. El invento de Gutenberg de hace seis siglos ayudó y los canales de comunicación digitales actuales refuerzan el arma más subversiva que tenemos: la combinación de lenguaje y pensamiento simbólico.

Podemos compartir conocimientos y aprender cualquier cosa en la distancia, pero también podemos despertar revoluciones. Nos unimos en torno a ideas, aunque los que las impulsaron no estén presentes (religiones, movimientos políticos...) y vivimos en realidades paralelas que nos preocupan, que defendemos o rechazamos, aunque no podamos tocarlas, ya sean Taylor Swift, el comunismo, las teorías conspiratorias o la existencia de los marcianos. De ahí la importancia de saber comunicar, de saber cuestionar y de seguir aprendiendo.

El lenguaje es una de las expresiones más elevadas del pensamiento simbólico y uno de los grandes éxitos de nuestra evolución.

El misterio de por qué el tamaño del cerebro se reduce

Cuando Einstein murió, en 1955, al patólogo de guardia, Thomas Harvey, le tocó realizarle la autopsia y, después de aquel día, su vida cambió. El físico tenía el deseo de ser incinerado, pero Harvey pensó algo diferente: decidió extirparle el cerebro y guardarlo en un frasco para analizarlo después. No lo consideró un robo, sino un «acto en nombre de la ciencia». Ya sabemos: las excusas clásicas para justificar lo que se hace. Sin embargo, aquel acto no le hizo mucha gracia a la familia de Einstein. Harvey se las ingenió para que el hijo mayor le diera el visto bueno después, aunque aquello no lo salvó del despido inmediato del Hospital de Princeton. Fue contratado por la Universidad de Pensilvania y allí diseccionó su trofeo y lo escondió en su casa. Quiso hacer negocios con él y mandó cartas a investigadores que pudiesen estar interesados, pero nadie lo creyó. ¿Quién iba a guardar el cerebro de un genio en una caja de sidra debajo de un enfriador de cerveza en su casa? Pues así estuvo más de veinte años. Es más, no se separaba de él en ningún momento. Lo llevaba en frascos en el coche cuando quería ofrecérselo a alguien y estaba tan obsesionado que su mujer acabó separándose de él y de su cerebro escondido.

En el año 1978 un periodista del *New Jersey Monthly* entrevistó a Harvey y la noticia se publicó con un titular amable: «Yo me encontré el cerebro de Einstein». (En fin.) Tuvo la repercusión mediática suficiente para que algunas universidades solicitaran muestras. Harvey, al más puro estilo científico que lo había caracterizado, enviaba muestras a cambio de dinero en botes de mayonesa que comía compulsivamente y cortados en la tabla de quesos con un cuchillo de cocina. Finalmente, cuando Harvey falleció, en 2007, lo que quedaba del cerebro del gran genio regresó a la familia de Einstein y ésta lo donó después al Museo Nacional de Salud y Medicina del Ejército de Estados Unidos, donde es de suponer que está mejor conservado. Pues bien, más allá de los avatares de la historia, lo que se comprobó fue que el cerebro del brillante científico no sólo no era grande, sino que incluso era más pequeño que la media. Lo que sí marcaba la diferencia eran unas conexiones nerviosas bastante inusuales.

Es cierto que nuestros cerebros tienen diferentes tamaños. Existen diferencias claras entre hombres y mujeres, debido al peso corporal, pero, más allá de eso, hay personas que tienen el cerebro grande, como el del novelista ruso Iván Turguénev, que pesaba más de 2 kilos. Hay otras personas con un cerebro más pequeño, como le pasaba al escritor Anatole France, premio Nobel de Literatura, que alcanzaba sólo el kilo.[5]

Así pues, aunque la inteligencia no tenga nada que ver con el tamaño del cerebro, el crecimiento del neocórtex ha sido crucial para nuestra evolución, como hemos comentado antes. Sin embargo, hace poco ha saltado una alarma: el tamaño de nuestro cerebro, de media, se está reduciendo,[6] y parece que esta reducción tiene que ver con una habilidad poderosa relacionada con el motor de comprender.

Los humanos aprendemos de un modo diferente al resto de los animales. El uso del pensamiento simbólico y el lenguaje nos han dado unas herramientas poderosas para aprender a mayor velocidad y para desarrollar una inteligencia colectiva. Cuando vivíamos en pequeños grupos necesitábamos muchos más conocimientos generales para sobrevivir, lo cual suponía un alto coste energético. En la actualidad, nos especializamos: somos informáticos, mensajeros, maestros... y no necesitamos conocer todos los detalles de las setas para no ingerir una venenosa y morirnos. Ahora lo complicado es localizar en qué estantería del frigorífico del supermercado están y el único coste energético que implica es salir de casa o pedirlas online. Nada más.

El aprendizaje social tuvo su expansión cuando nos convertimos en sedentarios y aumentamos en número. Creamos redes de intercambio con pueblos de al lado para hacer trueque de unas conchas por unas piedras únicas y así, poco a poco, hemos ido refinándolo aún más. Aprendemos de manera social; de ahí que el cerebro comenzara a reducirse en torno a un 10 por ciento hace diez mil años, y especialmente en el último intervalo de cinco mil a tres mil años (hace poco, vamos). Hay teorías que lo niegan[7] y otras que defienden que el motivo de la reducción del tamaño del cerebro se debe a nuestra domesticación, como animales que somos. Al igual que las mascotas tienen un cerebro de menor tamaño que las especies que viven en libertad, a nosotros nos ha podido pasar algo similar. Las normas sociales han conseguido que seamos un poco más civilizados y que no le lancemos una piedra al coche que nos pita a la mínima de cambio.

La inteligencia colectiva entra en juego gracias al lenguaje y el pensamiento simbólico; es decir, cuando el motor de comprender entra en escena.

Independientemente de ello, lo que está claro es que el aprendizaje nos transforma, que necesitamos a los demás para seguir aprendiendo y que si vivimos en contextos donde esto no se produce, el motor entra en desequilibrio. Por este motivo necesitamos buscar lo que despierta nuestra curiosidad y conocerlo más, ya sea una afición o nuestro trabajo. Si, además, podemos compartirlo con otras personas, aún se acelerará más nuestra capacidad de absorber los conocimientos. Si estamos en equipos que no nos estimulan intelectualmente al nivel que cada persona necesita, será muy difícil que nos comprometamos y nos sintamos bien. Ocurre lo mismo con la pareja o los amigos: el aburrimiento constante, la desidia o la rutina nos matan por dentro. Estamos cómodos porque son zonas conocidas, pero no despiertan la grandeza que nos ha permitido llegar hasta aquí en nuestra evolución.

El aprendizaje es otra de nuestras grandes herramientas (y placeres). Pertenecer a un grupo, pero también curiosear y aprender a cuestionar, es lo que nos ayuda a seguir avanzando como especie. Si sólo aceptamos las reglas del grupo pero no las cuestionamos desde nuestra perspectiva individual, podemos caer en un desequilibrio de este motor, que nos llevará a sentirnos mal o a hacérselo pasar muy mal a otras personas. Sin embargo, para ello necesitamos conocer sus trampas.

Gráfico 4.4. El motor de comprender en desequilibrio

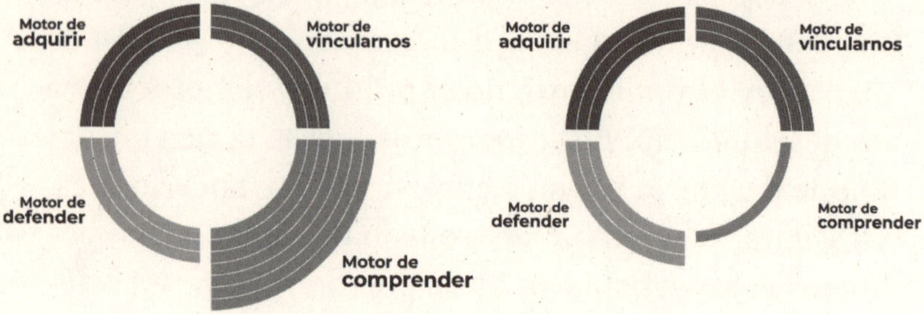

Fuente: Elaboración propia.

El desmadre del motor de comprender en desequilibrio

El precio de vaciarnos de sentido en el trabajo o en la vida

Michael creció en Berlín. Sus abuelos vivían cerca del muro que separó las dos Alemanias durante veintiocho años. Cuando jugaba al fútbol con su hermano, veía cómo los apuntaban soldados mientras sus abuelos les gritaban que no se acercaran a aquella construcción artificial que había dividido familias y había supuesto tanto sufrimiento. Aquella experiencia lo impresionó y lo acompañó durante toda su vida. Ya de mayor, cuando obtuvo una beca posdoctoral en Harvard y conoció a Paul Lawrence, el eminente sociólogo con el que trabajó durante años, comprendió que su trabajo debía orientarse a ayudar a los profesionales y a las empresas a ser más humanistas, a no tener «muros de Berlín». Éste ha sido el propósito que le ha dado sentido durante muchos años y por el que ha montado diferentes iniciativas, como la International Humanistic Management Association, a la que hace referencia en el epílogo de este libro.

El propósito está íntimamente relacionado con el motor de comprender. Nos aporta una narrativa, le da un sentido al para qué hacemos lo que hacemos, y así ha sido para Michael. Tiene un impacto directo en nuestro compromiso y nos ayuda a reducir el miedo. Como explico en mi libro *Change Mindset: Surfeando el cambio*,[8] cuando trabajamos en algo en lo que creemos, se activa en el cerebro la zona prefrontal ventromedial —una palabra complicada—, en el mismo lugar al que en la India llamaban el «tercer ojo» hace miles de años. Cuando eso sucede, percibimos menos miedo, tenemos más claridad para tomar decisiones y nos sentimos mejor. Pues bien, esas sensaciones están relacionadas con el motor de comprender. Necesitamos encontrarle una narrativa, un para qué a lo que hacemos, y cuando éste falla, comienzan los problemas.

En una encuesta[9] realizada en Estados Unidos en 2018, el 69 por ciento de las personas encuentran su sentido de vida en la familia, seguido del trabajo, con un 34 por ciento. Sin embargo, no todo el mundo trabaja por un propósito, ya sea porque no pueden, porque no saben qué es lo que quieren o porque, sencillamente, sólo buscan una nómina a final de mes y poco más. Esto ocurre con muchos profesionales con bajos ingresos y poca formación, que trabajan para llegar a fin de mes, fundamentalmente. Su gran sueño es la jubilación o tener un golpe de suerte, y es lógico que así sea. Según Ayse Yemiscigil,[10] investigadora de Harvard, las personas que trabajaban por una nómina y que tenían salarios bajos decían encontrarle el sentido a su vida cuando se jubilaban. Éstas fueron las que más cambiaron de empleo después de la pandemia durante el fenómeno de la «gran renuncia» en Estados Unidos, y sólo el 22 por ciento de estas personas reconocían haber encontrado un propósito en su trabajo, en comparación con el 48 por ciento de las que tenían ingresos altos y titulación universitaria. Por ello, ya sea en el trabajo o fuera de él, necesitamos encontrar un para qué, y es triste tener que esperar a jubilarnos para que eso suceda.

La búsqueda de un propósito está relacionada con el motor de comprender. Cuando no lo encontramos, se abre la puerta del desequilibrio interior y de la erosión.

Si no tenemos un propósito, nos erosionamos por dentro. No hace falta que sea salvar el mundo, ni descubrir el gran antídoto contra una enfermedad. Puede ser algo más sencillo: la familia, cuidar a los amigos...; lo que cada uno decida. En el mundo laboral, aunque las personas que tienen trabajos con bajos ingresos tengan un punto de partida más complicado, vale la pena recordar que el líder tiene en sus manos la capacidad de trasladarles un para qué más allá de doblar la ropa en una tienda, estar en una cadena de montaje o lavar los cacharros en un restaurante. Como *sapiens* que somos, necesitamos comprender. Nuestra mente no para, por mucho *mindfulness* que apliquemos, y es lo que nos ha permitido llegar hasta aquí. Necesitamos una narrativa, algo que nos trascienda y que justifique por qué le dedicamos ocho horas de nuestro tiempo al trabajo, más allá de ganar dinero. Y si no lo encontramos en el trabajo, tenemos que focalizarnos en lo que nos dé fuerzas. Pensar que no es importante es una trampa que nos divide por dentro.

Encarcelados en burbujas de información

En el año 2016 Donald Trump llevó a cabo una campaña electoral en Estados Unidos que fue toda una innovación. Se apoyó en el concepto de la posverdad, es decir, en una interpretación, a veces un tanto cuestionable por los datos cuantitativos, que aderezaba con noticias falsas o *fake news*. Parece que muchas de las noticias falsas provenían de Macedonia, donde había jóvenes que creaban historias por las que podían cobrar hasta 10.000 dólares.[11] Las introducían en ciertas publicaciones y los algoritmos de los buscadores y las redes sociales las servían como desayuno a los votantes estadounidenses.

Como es de suponer, esto no sólo lo hizo Trump. Las *fake news* han existido desde que se tiene registro histórico y afectan a todos los países y a todos los políticos, sean de izquierda, de derecha o de centro. Las invenciones de por qué hay que ir a la guerra a lo largo de los siglos han sido en gran medida *fake news*, al igual que muchos de los nacionalismos —incluso algunos muy recientes— y movimientos políticos o religiosos. Cuando se analiza desde la perspectiva económica (motor de adquirir), se caen muchas leyendas, pero así somos. Necesitamos encontrar un sentido, aunque sea basado en la imaginación colectiva. Sin embargo, la solución pasa por equilibrar el motor, aprender a cuestionarnos y ganar mayores niveles de consciencia, aunque ahora sea más complicado que nunca. Internet ha creado una realidad paralela gracias a los algoritmos y a las burbujas de información, que supo aprovechar magistralmente Trump durante la campaña de 2016 y que ahora nos afectan en nuestra realidad diaria.

Cuando dos personas diferentes hacemos la misma búsqueda en internet, obtenemos informaciones distintas. Esto se debe a una decisión que comenzó en 2009, cuando se personalizaron los buscadores conforme a nuestro perfil. Por ejemplo, Google implantó 57 indicadores[12] con el objetivo de conocernos incluso más que nosotros mismos. Estos indicadores miden cómo somos, qué leemos y dónde pasamos más tiempo y, con todo ello, arrojan una información más acorde con nuestros gustos. Si abrimos Instagram y nos quedamos mirando vídeos de gatos, es de imaginar que durante días nos freirán con más vídeos de gatos. Pasa lo mismo con TikTok, X (antes Twitter) o Netflix, por ejemplo. Si un día, por error, nuestro hijo vio una película infantil con nuestro perfil, las siguientes propuestas que nos aparecerán serán los últimos estrenos para niños. No es de extrañar que la inversión de esta plataforma para conocer nuestros gustos sea de las más elevadas.

La idea de partida es buena: entre los trillones de datos que navegan por el ciberespacio, una ayudita para no marearnos nos viene bien. La inteligencia artificial y los algoritmos piensan por nosotros y nos hacen la vida más fácil, pero también nos adentran en publicaciones más afines, irreales y filtradas. Vivimos en «burbujas de información» en las que necesitamos hacer un esfuerzo extra para cuestionar lo que constantemente recibimos, lo cual abre las puertas al desequilibrio en el motor de comprender. Nos obsesionamos con algo, tenemos un montón de material que nos dice que tenemos razón y, además, nos introducimos en «colmenas de pensamiento», es decir, nos unimos a grupos que piensan como nosotros en WhatsApp, Telegram o cualquier otro espacio para compartir ideas (el motor del vínculo entra en escena). Así corren como la pólvora las teorías conspirativas o todo lo que parezca prohibido, morboso y a lo que nosotros, por suerte o por desgracia, hemos accedido, aunque la fuente sea un chaval a miles de kilómetros de distancia a quien le gustaba contar cuentos y que ha encontrado un grupo de fieles seguidores, a pesar de que nadie sepa su nombre.

El motor de comprender entra en desequilibrio cuando vivimos dentro de burbujas de información.

El motor de comprender nos lleva a intentar encontrarle un sentido o una explicación a lo que nos ocurre, lo cual nos empuja a vivir en una realidad virtual constante. Antes las inundaciones eran castigos divinos y ahora una pandemia es una estrategia ideada por un movimiento político oculto (parece que las explicaciones basadas en dioses han perdido impacto y preferimos culpar a otros organismos más poderosos). Salirnos de estos bucles no es fácil, porque es incómodo y a veces requiere pagar un precio.

En la Edad Media, en Europa, te podías jugar la vida si accedías a determinados libros que se consideraban herejías. Ahora, en Occidente, gracias a la revolución científica de hace más de quinientos años, no tenemos amenazas de inquisiciones, pero sí tenemos el riesgo de que nos echen de los grupos si cuestionamos ciertos principios que los unen. Puede ser culpar siempre al mismo de la clase o defender (o no) el cambio climático. Por eso, el motor de comprender puede convertirse en una trampa cuando nos frena en la capacidad de reflexionar y de incrementar nuestro nivel de consciencia... o cuando nos hace juzgar todo aquello que nosotros consideremos poco adecuado, como le sucede ahora al movimiento conocido como *woke*.

Imponer nuestra verdad, caiga quien caiga

A mediados del siglo pasado se descubrió una cueva en Irak, Shanidar,[13] que contenía fósiles de neandertales que tenían unos 65.000 años a sus espaldas. Lo que más llamó la atención fue el polen de flores que había alrededor de uno de ellos, un hombre anciano. Era imposible que hubieran crecido allí esas flores, por lo que los investigadores concluyeron que debían de ser adornos de un enterramiento. Los miembros de la tribu le llevaron flores a modo de respeto, como hacemos nosotros. Es un rasgo del pensamiento simbólico y, aún más importante, de uno de los grandes desafíos de nuestro motor de comprender: entender la muerte (casi nada). De ahí el intento de buscar respuestas a través de mitos, religiones y demás símbolos espirituales. Al menos así lo interpretan los expertos cuando analizan las pinturas de la caverna de Indonesia con la que empezábamos el libro o la figurita de marfil de mamut de un «hombre león» (o de una «mujer leona») de la cueva de Stadel en Alemania, que data de hace unos 32.000 años.

La necesidad de comprender la vida y la muerte nos ha acompañado desde tiempos inmemorables. Todo ello es legítimo, natural y parte de lo que somos. El problema surge cuando este motor se radicaliza y necesitamos imponer nuestra verdad a quienes nos rodean al precio que sea. Las guerras provocadas por las religiones son un ejemplo de cómo este motor se puede convertir en fanatismo o de cuando el nivel de consciencia se reduce a mirarnos el ombligo. Ocurre lo mismo con los radicalismos políticos, étnicos o del tipo que sean; han existido a lo largo de toda la historia y todavía, desgraciadamente, siguen presentes. Sobran los ejemplos.

Cuando se juntan el motor del vínculo y el de comprender, nos dan unos argumentos terribles para crear fronteras entre los unos y los otros y, como nuestra capacidad para inventarnos explicaciones no conoce límites, nos montamos mil y una excusas para explicar que somos distintos por credo, cultura, nacionalidad, tendencia sexual... y todo lo que nos suceda en cada momento. Gran parte de los desastres de la humanidad han tenido que ver con la radicalización de este motor, que une a personas en ciertas locuras (vínculo), en torno a una idea (comprensión) y en los que suele haber intereses económicos o territoriales de fondo (adquirir). En otras ocasiones, existe también otra causa: la necesidad de proteger lo nuestro. En este caso, el motor de defender juega un papel esencial, como vamos a ver a continuación.

Resumen y preguntas para reflexionar sobre el motor de comprender

MOTOR DE COMPRENDER EN EQUILIBRIO
Nos impulsa a aprender y a encontrarle un sentido a lo que hacemos y a lo que somos, por medio del pensamiento simbólico y el lenguaje, fundamentalmente.
MOTOR DE COMPRENDER EN DESEQUILIBRIO
• Encarcelados en burbujas de información. • Imponer nuestra verdad al precio que sea. • Sin propósito ni sentido. Después de analizar el vínculo innato de comprender, te invitamos a que profundices un poco más en él con las siguientes preguntas:[14]

Si tuvieras que valorar el motor de comprender actualmente en tu vida tal como lo hemos explicado en una escala del 1 al 10, siendo 1 «nada importante» y 10 «muy importante», ¿cómo lo puntuarías?

____

Si piensas en cinco o diez años atrás, ¿le otorgarías la misma puntuación? Y, si te vas aún más atrás en el tiempo, ¿tendría la misma puntuación? ¿Qué ha cambiado?

¿Tu trabajo te aporta un sentido o significado? Valora del 1 al 10 tu respuesta.

¿Qué echas de menos? ¿Qué podrías hacer para encontarle más sentido?

¿Tu trabajo te da alegría? Valora del 1 al 10 tu respuesta.

____

Si no estás satisfecho, ¿qué podrías cambiar para tener más alegría?

____

____

____

____

¿Sientes que aprendes en tu trabajo? Valora del 1 al 10 tu respuesta.

____

¿Hay algo que cambiarías? En caso afirmativo, ¿qué sería?

____

____

____

____

____

____

____

____

¿Sientes que contribuyen al propósito de tu organacización con tu trabajo? Valora del 1 al 10 .

____

Si no es así, ¿qué mejorarías?

____

____

____

____

¿Sientes tu propósito en la vida diariamente? Valora del 1 al 10 tu respuesta.

____

¿Qué necesitarías para que aumentase esta valoración?

____

____

____

____

____

____

____

____

____

5

El motor de defendernos

Cuando nos resistimos al peligro

La relación de los *sapiens* con el resto de los humanos no fue especialmente idílica. Podríamos decir que los neandertales fueron nuestros «hermanos evolutivos»,[1] pero durante mucho tiempo estuvimos peleándonos con ellos. Los neandertales vivieron entre Europa y Asia hace unos 350.000 años y tenían muchos rasgos en común con nosotros: pintaban cuevas, enterraban a sus muertos, elaboraban joyas... No eran tan rudos como a veces nos los han pintado. Eso sí, peleaban con dureza, y nuestros antepasados lejanos lo sufrieron en sus carnes.

Según los registros arqueológicos, parece que la primera incursión de los *sapiens* de África a Eurasia no sentó demasiado bien a los habitantes de aquella zona, los neandertales, y se enzarzaron en varios conflictos en los que los neandertales derrotaron a los *sapiens* una y otra vez.[2] Eran más fuertes y grandes y tenían los ojos enormes —lo cual los ayudaba a moverse mejor en la oscuridad—, su cuerpo era más musculado y conocían mejor el terreno. Incluso su capacidad craneal era superior. Llegamos a cruzarnos con ellos, no se sabe si por amor (vínculo) o por posesión (adquirir). Sea lo que fuese, hasta el 4 por ciento del ADN actual de los que provenimos de Eurasia es neandertal, al igual que el origen de algunas de las enfermedades que arrastramos.

Hicieron falta «sólo» unos miles de años para que pudiéramos derrotarlos o, al menos, convivir con ellos y comenzar nuestra conquista por el mundo. Los neandertales desaparecieron hace unos cuarenta mil años y todavía no se conocen muy bien las causas: no sabemos con certeza si fueron las guerras con los *sapiens*, los cambios climáticos, los problemas en su descendencia u otras amenazas. Sin embargo, parece que sí compartimos con ellos el instinto de pelear y de defender lo que consideramos nuestro a través del último motor que presentamos en este libro: el motor de defender.

El motor de defender se combina con el resto de los motores para proteger lo que tenemos, los grupos a los que pertenecemos o las ideas que perseguimos.

Tenemos la necesidad innata de adquirir lo que necesitamos, pero también de defenderlo. No somos muy originales los humanos en eso; también observamos esta necesidad en criaturas multicelulares. Es más, parece que se trata de la primera función del sistema nervioso central primitivo.[3] Por este motivo, cuando viene un peligro, tenemos el automatismo de salir corriendo o evitarlo. Sabemos hacerlo sin que nadie nos lo enseñe y lo hemos desarrollado desde tiempos inmemoriales, como nos indica la evolución.

El motor de defender es innato y se combina con el resto de los motores para proteger lo que tenemos, los grupos a los que pertenecemos o las ideas que profesamos. Sin embargo, su principal característica es que es reactivo, es decir, actúa cuando ve peligros. Otra cosa es el umbral que cada persona tenga para concebir el riesgo: hay personas a quienes un cambio de jefe les puede suponer una pesadilla y otras que lo viven la mar de contentas en igualdad de condiciones. Cómo actúe el motor de defender en cada persona dependerá de si está en equilibrio con el resto. Cuando se desequilibra, vuelve a jugarnos malas pasadas y hace que nos resistamos sistemáticamente al cambio, que no tengamos confianza en la empresa o que vivamos asustados por todo. En definitiva, que nuestra mentalidad del cambio se vea completamente paralizada, como explico en mi libro *Change Mindset: Surfeando el cambio*.[4] Veamos con algo más de detalle cómo actúa en cada uno de nosotros.

MOTOR EVOLUTIVO DE DEFENDER

Es innato e independiente del resto.

Es reactivo, a diferencia de los otros motores, y actúa para proteger lo que tenemos (adquirir), los grupos a los que pertenecemos (vínculo) y las ideas que profesamos (comprensión). Todo esto se traduce en los siguientes aspectos:

- Resistencias al cambio.
- Atreverse a hacer o decir cosas distintas.
- Protegerse de las amenazas (reales o imaginarias).
- Cuidarse.

El miedo al error en su justa medida

Cuando Sara Blakely era niña, su padre le preguntaba cuál había sido el principal error que había cometido cada semana. La animaba, además, a que encontrara una respuesta. Aquella rutina la ayudó a comprender que no hay aprendizaje sin error y que debía intentarlo si deseaba alcanzar un objetivo. Gracias a ello, se atrevió a presentarse a la selección del equipo de animadoras (*cheerleaders*) y como delegada de clase, a pesar de no ser la chica más popular. No lo consiguió en ninguno de los dos casos, pero en casa recibió una clara felicitación por haberlo intentado.

Lo que sí logró, tras años de esfuerzo, fue convertirse en la mujer multimillonaria más joven hecha a sí misma en 2012, gracias a su empresa Spanx.[5] Años atrás, Blakely se había desesperado por no encontrar una talla de un modelo de ropa que quería ponerse para una fiesta. Pensó en una faja, pero no encontró ninguna que la convenciera. Con los 5.000 dólares que había ahorrado vendiendo máquinas de fax comenzó a diseñar un modelo. Tardó dos años en tenerlo listo y en empezar a venderlo en tiendas, pero un buen día le llegó el gran regalo de la mano de Oprah Winfrey, que compartió en su programa de televisión que era su marca preferida. Las ventas se dispararon. Blakely reconoce que todo lo que ha conseguido ha sido gracias a su afán de aprender y a que el miedo al error ante las distintas dificultades a las que se ha enfrentado en su camino al éxito no la ha frenado.

Nos protegemos de los errores por las consecuencias que pueden tener, lo cual forma parte de nuestro motor de defendernos y es natural. No nos gusta equivocarnos, y menos en público. Por eso intentamos protegernos de distintas maneras, algunas muy creativas, para evitarlo. Creamos excusas, negamos la realidad, culpamos a otros...; todo para evitar lo que nos da miedo y nos puede hacer fracasar.[6] Este motor está detrás de todo esto. A veces está equilibrado y, sencillamente, nos hace sentir un miedo sano que nos alerta de los peligros. Sin embargo, también puede estar desequilibrado y paralizarnos a la primera de cambio. Una buena manera de balancearlo es aprendiendo a encajar los errores como proceso de aprendizaje, tal como le enseñó a Sara Blakely su padre.

La seguridad es crucial en el aprendizaje. Si de pequeños nos sentimos seguros, seremos capaces de correr los riesgos necesarios para explorar relaciones y probar cosas nuevas. Sin embargo, cuando el miedo nos domina, se paralizan la curiosidad, nuestro espíritu explorador y, por supuesto, la felicidad. Cuando tenemos miedo, dirigimos la energía hacia dentro, hacia nuestro discurso mental sobre lo que podría suceder, o revivimos errores o sucesos del pasado. Nunca estamos en el momento presente, lo cual es una tendencia completamente natural. Por mucho que pretendamos acallar la mente, no podemos hacerlo. Tenemos un charlatán[7] dentro capaz de decirnos cuatro mil palabras por minuto ante los problemas. Nosotros leemos una media de seiscientas, así que imagínate cómo parlotea el charlatán interno. De ahí nuestra habilidad para imaginar futuros terribles o para ponernos muchas veces en la peor de las situaciones posibles. Sin embargo, insistimos. Es natural que tengamos esa voz interior y que se active ante lo que creemos que son amenazas; todo nace por un mecanismo inconsciente, vinculado a la supervivencia y a nuestro motor de defender. En el pasado, cuando nos acechaban los peligros, era más fácil salir con vida si antes estábamos avisados, aunque fuera a través de nuestro charlatán interior. Este motor sigue muy vigente y justifica por qué en la actualidad tenemos resistencias al cambio o nos cuesta mostrarnos como realmente somos en el trabajo.

Cuando el motor de defender entra en juego, escondemos nuestros errores por miedo a las consecuencias.

La seguridad psicológica en la empresa y en la vida

Google quiso saber qué hacían los equipos excelentes que lograban los mejores resultados y cuya inteligencia colectiva era superior a la suma de la de sus miembros. Google quería descodificarlo para aplicar los resultados al resto por un motivo muy sencillo: si conseguían que las personas se sintieran mejor en sus equipos de trabajo, aumentarían la productividad. Previamente habían llegado a la conclusión de lo que caracterizaba a los mejores jefes gracias a un proyecto denominado Oxígeno, del que hablaremos más tarde. Poco después dedicaron sus recursos a ir más allá y averiguar qué hacían los equipos excelentes para poder replicarlo. Este estudio se bautizó como Proyecto Aristóteles[8] y la sorpresa fue que los resultados tenían relación con el motor de defender.

La inteligencia colectiva de un equipo puede ser superior a la suma de la de cada uno de sus miembros, pero también puede ser bastante inferior. Todos lo hemos vivido: podemos estar en grupos de trabajo en los que fluyan las ideas y nos sintamos inspirados, en los que construimos basándonos en lo que dicen los demás. Así, poco a poco, vamos generando un resultado que no habríamos podido alcanzar solos. Sin embargo, hay otros equipos en los que la situación es la opuesta: se tiene miedo a intervenir por las críticas que puedan recibirse o el trabajo consiste más bien en luchas de poder para ver quién tiene razón. También hay otros equipos en los que parece que hay alguien que no para de hablar o en los que quien controla la gestión del tiempo es tan eficiente que nadie puede desviarse de la agenda y no resulta estimulante iniciar una nueva conversación. Las distintas situaciones no dependen de si hay líderes o normas definidas u otros factores que normalmente se tienen en cuenta. Sin embargo, sí que hay algo que provoca que unos equipos tengan una inteligencia colectiva superior a otros, como comprobó Google.

Después de reunir datos de más de un centenar de grupos y de personas, los investigadores de Google llegaron a la conclusión de que las características comunes a todos los equipos excelentes eran dos: la primera, que todos sus miembros hablan más o menos el mismo tiempo, lo que se conoce como «igualdad en la distribución de turnos de conversación». No hay nadie que monopolice la charla. De esa manera, no parece que el resto esté haciendo bulto y poco más. Esto se conseguía porque las personas se sentían seguras a la hora de participar; podían opinar desde sus diferencias, fueran las que fueran. Dicho de otro modo, los equipos excelentes vivían lo que se conoce como seguridad psicológica.

Si una persona tiene que invertir energía en protegerse, no puede invertirla en construir nada nuevo ni diferente; ni siquiera en desarrollar su talento.

William Kahn definió el concepto de seguridad psicológica[9] en 1990, pero Amy C. Edmondson,[10] profesora de Harvard, fue quien lo popularizó hace apenas unos años. La seguridad psicológica está basada en el motor de defender. Cuando los profesionales se sienten seguros, pueden aceptar sus errores, recibir *feedback* —incluso sobre que no están cumpliendo las expectativas— y hasta equivocarse sin consecuencias. Eso no significa que no puedan perder el empleo porque llegue un nuevo competidor o por cambios en la industria; es distinto. Lo que significa es que su trabajo no se va a ver debilitado por el miedo interpersonal, como se observó en los equipos excelentes del Proyecto Aristóteles. Esto tiene mucha lógica, porque en la medida en que una persona tenga que invertir energía en protegerse no podrá invertirla en construir nada nuevo ni diferente.

El segundo rasgo que caracteriza a los equipos excelentes, según el estudio de Google, es una «alta sensibilidad social», es decir, intuían cómo se encontraban los demás sin necesidad de hablar. Ése es un rasgo de empatía alta que ratificaron con un ejercicio denominado «la lectura de la mente en los ojos». Les mostraban imágenes en las que sólo se veían los ojos de alguien y las personas tenían que intuir cómo se sentía esa persona, si estaba contenta o triste. Los miembros de los equipos con rendimiento excelente puntuaron por encima de los peores equipos, que obtuvieron calificaciones bajas y tenían menos empatía. La empatía es un soporte para el motor de defender y la seguridad psicológica. Si tenemos un mal día, lo último que necesitamos es que un compañero nos eche bronca por algo en lo que nos hemos equivocado. Si la otra persona es capaz de saber cómo te encuentras, aunque no lo hayas verbalizado, es más probable que su mensaje sea distinto o que lo deje para otro momento. Eso es empatía, cuidar el vínculo y al otro, pero también ayuda que la otra persona no tenga el motor de defender a flor de piel. De ahí la importancia de proporcionar entornos inclusivos en los que haya espacio para que cada persona aporte desde lo que nos diferencia como humanos, ya sea el género, la raza, la edad, la religión... o, sencillamente, diferentes formas de pensar.

En definitiva, el motor de defender nos ayuda a cuidarnos y a protegernos de los peligros o de lo que consideramos amenazante. Una vez más, nuestro bienestar depende de si está en equilibrio o no. Cuando está equilibrado, contamos con un sistema de alarma y de miedo que nos alerta de los riesgos. Sin embargo, cuando está en desequilibrio, puede que no esté presente, lo cual nos hace tremendamente ingenuos: no percibimos amenazas en nada de lo que nos rodea, ni siquiera en inversiones de dudosa rentabilidad, por no hablar de las actividades que ponen en riesgo la integridad física. También puede estar en desequilibrio porque está completamente activo, que es lo más habitual, con lo cual vemos amenazas en cualquier situación y vivimos atrapados en el miedo.

Gráfico 5.1. El motor de defender en desequilibrio

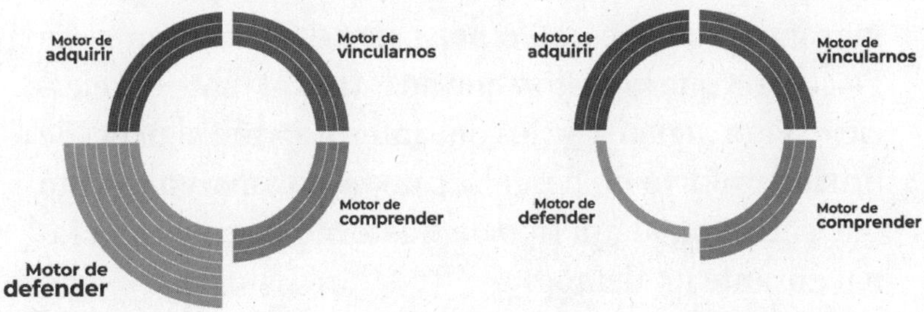

Fuente: Elaboración propia.

Cuando nos sentimos indefensos...

En los años sesenta y setenta, se hacían experimentos psicológicos sin ningún tipo de pudor que ahora serían casi imposibles de imaginar. En la Universidad de Stanford, al psicólogo Philip Zimbardo se le ocurrió la idea de reclutar voluntarios para replicar una cárcel y analizar cómo interaccionaban entre sí los que habían sido seleccionados como carceleros con los que actuaban como prisioneros. Todos los participantes eran personas estables según el diagnóstico inicial y la elección de un papel u otro fue meramente aleatoria. La cárcel simulada estaba en la planta baja de la universidad y comenzaron a suceder situaciones inesperadas: actos crueles por parte de los carceleros o actitudes desesperadas por parte de los prisioneros. Hubo motines, intentos de escapar...; situaciones feas que obligaron a Zimbardo a dar por terminado el experimento seis días después de haber comenzado y ocho antes de lo previsto. El desencadenante fueron las críticas por falta de moralidad en el estudio por parte de una alumna de Psicología que lo visitó y que no estaba al tanto del ejercicio. Para algunos de los que interpretaron el papel de prisionero tuvo un desenlace un tanto amargo, puesto que sufrieron algún tipo de trastorno físico y emocional durante un tiempo.

El experimento de Stanford fue una situación extrema cuya validez científica resultó ser también cuestionable, pero demuestra qué nos sucede cuando vivimos en un contexto de miedo inesperado y el motor de defender se activa en exceso. En estas situaciones, caemos en lo que se denomina «indefensión aprendida». No hace falta estar en una cárcel, real o simulada, para vivirla, sino que se puede despertar en el trabajo, en la pareja o, sencillamente, en el país donde se vive.

Cuando vivimos situaciones que nos superan y que no podemos controlar podemos caer en un estado de indefensión aprendida; es decir, tiramos la toalla, aceptamos lo que hay y no tenemos ni una gota de fuerza para salir de ahí.

¿Te has sentido alguna vez sin fuerzas para luchar contra algo que te supera? ¿O con mucho miedo a tomar decisiones? Cuando nos paralizamos por circunstancias que nos superan, el motor de la defensa se desequilibra. Muchas veces ocurre por nuestras creencias internas; en otras ocasiones se despierta por experiencias pasadas que nos han dejado huella, como aquel jefe que actuaba de manera agresiva en las reuniones de equipo. Es posible que en algún momento prefiriéramos no opinar siquiera, después de haber vivido alguna experiencia desagradable. También podemos habernos sentido «machacados» por algo de pequeños, ya sea nuestro físico o una actitud determinada. Cuando nos vemos muy superados por las circunstancias y por situaciones incontrolables de manera repetida, es posible que el motor de defender tome las riendas y bloquee todo lo demás. Esta situación nos puede llevar a un estado sumamente erosionado: la indefensión aprendida.

Fue Martin Seligman, padre de la psicología positiva, quien describió por primera vez la indefensión aprendida. Décadas antes, a finales de los años sesenta, Seligman había experimentado con perros y había visto cómo reaccionaban ante las descargas eléctricas (sin comentarios). Primero se les administraba una descarga de la que no podían escapar. Después volvía a aplicar la descarga, pero esta vez tenían la alternativa de huir del tormento. Sin embargo, los pobres perros no lo hacían. Aquello llamó la atención de los investigadores e indagaron sobre si se debía a una cuestión física, al carácter del animal o a una situación emocional. Incrementaron el número de individuos y, después de comprobar este experimento/tortura con 150 perros, vieron que dos terceras partes eran incapaces de escaparse en las siguientes ocasiones, aunque tuvieran la posibilidad de hacerlo.[11] Descubrieron que esta renuncia a luchar o huir tenía un componente emocional. Después lo extrapolaron a las personas, como buenos mamíferos que somos, igual que los perros. Por tanto, cuando estamos en situaciones que nos superan y que no podemos controlar, podemos caer en un estado de indefensión aprendida; es decir, tiramos la toalla, aceptamos lo que hay y no tenemos ni una gota de fuerza para salir de ahí. Países inseguros, procesos de justicias eternas o inexistentes... son ejemplos de estados de estrés sostenidos en el tiempo que nos llevan a la indefensión. El miedo acumulado nos vacía por dentro y esto, de nuevo, se debe a una falta de equilibrio en nuestros motores evolutivos.

...O CUANDO ATACAMOS A LA MÍNIMA...

Los jefes más agresivos suelen ser los más inseguros. Esto es algo que he observado de manera repetida en las empresas en las que he trabajado. Ocurre lo mismo con los perros pequeños (de nuevo con ellos), que son los que más ladran. Tiene su lógica: una de las respuestas tradicionales ante el miedo es el ataque, como explicábamos varios capítulos atrás. Por eso no es de extrañar que, si nos sentimos inseguros, saltemos rapidito y ataquemos cualquier cosa o a cualquier persona que nos resulte medianamente amenazante. Como ya somos expertos en los motores, ya te imaginarás que todo es consecuencia de un motor de defensa desequilibrado. Entonces, en vez de servirnos para protegernos, somos nosotros quienes estamos a su servicio y lo vemos todo desde esa perspectiva. Desde esa óptica, se ataca lo diferente, la mentalidad de cambio con la que también nacemos se congela y la novedad se contempla como un peligro en potencia. Se cae en teorías conspirativas y somos presa de la manipulación fácil.

Si analizamos las noticias falsas que más movilizan a las personas, veremos que suelen tener una característica en común: despiertan la ira y el miedo; es decir, activan la necesidad instintiva de proteger lo nuestro, sea lo que sea. Por eso las noticias falsas que comentábamos en el capítulo anterior fluyen como el agua en redes sociales y son capaces de movilizar a las personas y de que éstas hagan auténticas tonterías. Así somos y así hemos sido a lo largo de la historia con nuestras invenciones basadas en el miedo, aunque sea para negar la ciencia. Esto no es nuevo: los científicos y los visionarios han sido perseguidos por cuestionar teorías falsas ampliamente difundidas. Le ocurrió al aragonés Miguel Servet por decir que la sangre circulaba por todo el cuerpo, o a Galileo Galilei, que se sometió a varios juicios de la Inquisición por defender que la Tierra giraba alrededor del Sol y no al revés, como ya había propuesto Copérnico años atrás. Tanto antes como ahora hay que ser muy valiente para proponer cosas innovadoras que cuestionen normas en países sin una democracia real, porque esos contextos generan indefensión aprendida y miedo tóxico, que van en contra de la felicidad y el sentido común.

...Y LA MENTALIDAD DE CAMBIO DESAPARECE

La mentalidad de cambio es innata a cualquier persona. Es un resultado de la evolución y parte de nuestra curiosidad y nuestras ganas de aprender, de superarnos... Es lo que nos ha permitido explorar nuevos horizontes y entender los cambios como oportunidades. Sin embargo, no siempre está presente en todo el mundo, porque tiene que lidiar con las barreras ante lo desconocido.

En el libro *Change Mindset: Surfeando el cambio*,[12] explico que tenemos tres tipos de dificultades que nos impiden abrazar los cambios aun cuando son oportunidades. Unas son de tipo emocional, como el miedo. Otras son mentales, como las creencias fijas que nos impiden apartarnos de lo conocido, por mucha ciencia que creamos que respaldan. Es lo que le sucedió a Einstein y al triunfo de la teoría de la relatividad: hasta que los catedráticos que defendían el punto de vista antiguo no se jubilaron o se redujo su protagonismo, su teoría no ganó relevancia. [13] Por último, también influyen los viejos hábitos, ya sea dónde dejamos el coche o cómo realizamos un determinado informe. Todos ellos son resistencias al cambio, nacen del motor de defender y tienen una lógica. Si abrazáramos cualquier cosa nueva sin un cuestionamiento mínimo, cada día estaríamos cambiando completamente de vida. Necesitamos tiempo para digerir los cambios, incluso si son muy deseados. Sucede lo mismo con la pérdida de un ser querido muy enfermo: por mucho que deseemos que termine su sufrimiento, nuestras emociones necesitan un tiempo para asimilarlo.

La mentalidad de cambio es innata y nos ayuda a transformarnos, pero si el motor de defensa está desequilibrado, ésta queda completamente paralizada.

Por ello la mentalidad de cambio se ve frenada por las resistencias emocionales y mentales o por los hábitos. Tiene su parte saludable, ya lo hemos explicado, pero, cuando el motor está en desequilibrio —es decir, cuando las barreras están a flor de piel—, no podemos contemplar las oportunidades. Pasan los trenes de las posibilidades por delante de nosotros y somos incapaces de subirnos a ellos. Esto ocurre tanto en nuestra vida privada como en el trabajo, como veremos en el próximo capítulo.

Resumen y preguntas para reflexionar sobre el motor de defender

MOTOR DE DEFENDER EN EQUILIBRIO
Es un sistema de alerta que actúa sólo cuando ve peligros, pero no nos paraliza.
MOTOR DE DEFENDER EN DESEQUILIBRIO
• Todo se percibe como una amenaza. • Estrés crónico. Parálisis. • Indefensión aprendida. • No existe mentalidad de cambio. • Ingenuidad.

Después de analizar el vínculo innato de defender, te invitamos a que profundices un poco más en él pensando en tu equipo de trabajo o en tu vida personal.[14]

Si tuvieras que valorar el motor de defender en tu vida actualmente, tal como lo hemos explicado, en una escala del 1 al 10, siendo 1 «nada activo» y 10 «muy activo», ¿cómo lo puntuarías?

____

Si piensas en cinco o diez años atrás, ¿le otorgarías la misma puntuación? Y, si te vas aún más atrás en el tiempo, ¿tendría la misma puntuación? ¿Qué ha cambiado?

____

____

____

____

¿Te sientes inseguro? ¿Qué opinan las personas que te quieren y te conocen sobre ello? Valora del 1 al 10 tu respuesta.

____

¿Hay alguna diferencia entre lo que tú opinas y lo que el resto ve en ti?

____

____

____

____

¿Te cuesta esfuerzo convencer a los demás de tu opinión? Valora del 1 al 10 tu respuesta.

____

Si no estás satisfecho, ¿qué podrías cambiar para tener más alegría?

____

____

____

____

¿Te sueles preocupar en exceso? Valora del 1 al 10 tu respuesta.

____

¿Las personas que hay a tu alrededor se preocupan tanto como tú?

____

____

____

____

____

____

____

¿Recibes mucho rechazo por parte de tu equipo (o de las personas que te rodean) respecto a tus ideas? Valora del 1 al 10 tu respuesta y detalla algún ejemplo. Es habitual, puntual o se debe a algún tema específico?

____

____

____

____

¿Te sientes seguro en el lugar donde vives? Valora del 1 al 10 tu respuesta.

____

¿Qué necesitarías para que aumentase esta valoración?

____

____

____

____

____

____

____

____

____

6

Liderazgo esencial: equilibrando los motores

LOS ENTORNOS TÓXICOS SIN EQUILIBRIO O DÉMOSLES LA BIENVENIDA A LOS «SUPERPOLLOS»

Las culturas y los líderes de las empresas necesitan crear espacios en los que las personas quieran dar lo mejor de sí mismas, y esto sólo se logra cuando los cuatro motores están equilibrados.

William Muir,[1] de la Universidad de Purdue, en Indiana, se hizo el siguiente planteamiento: si somos capaces de seleccionar los mejores pollos, conseguiremos que cuando se conviertan en gallinas sean más productivas. En principio tiene sentido y, además, es fácil de comparar: simplemente hay que contar los huevos que producen. Así que se pusieron manos a la obra. Por un lado, escogieron a los mejores pollos, los cruzaron y de este modo consiguieron que tuvieran el máximo pedigrí. Los podemos llamar «superpollos» o «supergallinas». En paralelo, dejaron un cajón con seis pollos «normales» que se iban reproduciendo de manera natural. Pasadas seis generaciones, vieron el resultado en términos de huevos producidos: el cajón con los pollos o gallinas «normales» había mejorado su productividad en comparación con la primera generación. Además, estaban sanos y tenían las plumas bonitas. Vamos, lo normal. Sin embargo, el cajón con los «superpollos» o «supergallinas» fue un desastre: sólo quedaban tres vivos; el resto habían muerto por los picotazos de la competencia, y los que aún aguantaban tenían pocas plumas y estaban hechos una pena. Habían pasado más tiempo pegándose y demostrando lo fuertes que eran que poniendo huevos tranquilamente.

La pregunta sería la siguiente: ¿esto es algo que podría trasladarse a los humanos? (Momento de silencio y quizá alguna sonrisa velada.) Las empresas necesitan los resultados como el cuerpo necesita respirar. Sin embargo, hace falta algo más que respirar para vivir, y ya no digamos para ser felices. Por ello, todas las iniciativas que sólo fomenten el motor de adquirir corren el riesgo de crear contextos desequilibrados, como les sucede a muchas empresas y a muchos equipos que compiten entre sí para llevarse el gato al agua y que acaban con muchas cicatrices y heridas por el camino. El ambiente de trabajo se resiente y la cultura no tiene ni un atisbo de colaboración (a pesar de lo que se diga en la web). El ejemplo de los «superpollos» nos sirve para alertarnos del riesgo de los sistemas que sólo fomentan el motor de adquirir, que es el más habitual en las organizaciones, dejándose el resto por el camino, lo cual se observa en múltiples ejemplos.

Los profesionales necesitan un entorno equilibrado para no acabar «desplumados».

Muchas sociedades encumbran el valor de poseer por encima de cualquier otro. Sabemos que adquirir ha sido necesario en nuestra evolución y que tiene sus ventajas en el ámbito económico y en el personal. El problema aparece cuando se convierte en el rey del mambo en nuestra vida y en nuestras relaciones. Por ejemplo, en determinadas auditorías y consultorías internacionales muy conocidas de Estados Unidos es una práctica habitual que se tengan amigos dependiendo del puesto que ostente la persona en ese momento en la firma. En los países latinos es difícil de comprender, pero así funciona.

Si en la empresa se dice que se tienen en cuenta los valores de crecimiento y de colaboración, pero se asciende a quien alcanza más resultados con dudosa ética, ya sabemos lo que realmente se está fomentando. Éste es el doble rasero que hace tanto daño en las organizaciones y a los profesionales. Además, resulta miope si creamos contextos desequilibrados, como cuando nos centramos en la búsqueda del dinero o el poder a corto plazo. También es absurdo ignorarlo y crear espacios donde se cuiden las relaciones pero no se llegue a fin de mes, o donde se espere que un gran propósito sea suficiente para que los profesionales quieran dar lo mejor de ellos mismos. He conocido ONG con intenciones magníficas pero en las que el ambiente de trabajo era terrible. Sin embargo, sus responsables creían que no hacía falta intervenir en nada porque la buena misión era lo único que importaba, lo cual vuelve a ser un error.

Las culturas y los líderes de las empresas necesitan crear espacios donde las personas quieran dar lo mejor de sí mismas, y esto sólo se logra cuando los cuatro motores están equilibrados, como vamos a ver a continuación. El motor de adquirir suele ser el que más problemas presenta, porque el dinero y el poder suelen nublar mucho el sentido común. Sin embargo, si sólo interesan los números y ascienden los que obtienen mejores resultados sin importar cómo los han logrado, tendremos profesionales «superpollos». Pasado un tiempo, los profesionales acabarán «desplumados» y los mejores —en resultados y en ética— probablemente se hayan ido. Nadie quiere trabajar en entornos tóxicos.

Veamos a continuación cómo se crean entornos saludables equilibrando los cuatro motores, tanto en la cultura humanista como en el liderazgo esencial, sabiendo que la cultura humanista coloca a las personas en el centro de las decisiones y cuida la dignidad y el desarrollo de los equipos, los clientes, la sociedad y el planeta en su conjunto.

Tabla 6.1. Los cuatro motores en acción en la cultura humanista y en el liderazgo esencial

Motor	Cultura humanista	Liderazgo esencial
Adquirir	Objetivos retadores a corto y largo plazo. Salario equitativo y adecuado. Reconocimiento del poder y del estatus a todos los profesionales.	Desafía con objetivos. Reconoce los éxitos y el esfuerzo.
Vínculo	Orgullo de pertenencia. Ambiente de trabajo saludable.	Hacer sentir importantes a los profesionales. Pertenencia.
Comprender	Propósito. Cultura de aprendizaje constante.	Hacer sentir útiles a los profesionales alineados con un propósito.
Defender	Seguridad física y psicológica.	Se sienten seguros (física y psicológicamente). Pueden mostrarse desde su autenticidad.

Cómo el liderazgo esencial capea las tormentas

«Los problemas vienen cuando menos te lo esperas», pensaba Bob Chapman, presidente y dueño de la empresa Barry-Wehmiller. Una mañana de 1983 estaba devanándose la cabeza junto con su director financiero para ver cómo sacar la empresa a flote. La compañía era manufacturera, originaria de Missouri (Estados Unidos) y había alcanzado la cifra de 71 millones de dólares de facturación. Chapman había heredado la compañía con poco más de treinta años, tras el fallecimiento repentino de su padre, y había conseguido triplicar sus ingresos. Sin embargo, su crecimiento se había producido gracias a un importante endeudamiento, del cual pagaba la friolera del 22 por ciento de tasa de interés. La crisis de deuda de los años ochenta comenzó a estrangular a todas las empresas, y Barry-Wehmiller no iba a ser una excepción. La inflación causó estragos, el banco le cerró las líneas de crédito y la peor pesadilla para un empresario comprometido se estaba haciendo realidad: se enfrentaba al precipicio de no poder pagar las nóminas.

Aquella mañana Chapman conversaba con su director financiero sobre cómo salir de esa maldita tesitura:

—¿Por qué no tomamos un café antes de empezar? —propuso.

Su director financiero lo miró fijamente y le contestó:

—Acaban de llevarse la máquina de café porque hemos estado nueves meses sin pagar.

—Bueno, ¡de todos modos, no me gustaba el café de esa máquina! Voy a buscar unos cafés a algún lado y ahora vuelvo —exclamó Chapman.

El pragmatismo ante las dificultades siempre ha caracterizado a Bob Chapman, considerado uno de los empresarios más admirables de Estados Unidos y uno de los grandes representantes del liderazgo humanista. En la actualidad, su empresa es líder mundial en el sector de la maquinaria industrial, con más de 3.000 millones de dólares de facturación y con presencia en veintiocho países. No obstante, su trayectoria no ha sido un camino de rosas. Gracias a aquella crisis, Chapman maduró profesionalmente. Fue un momento importante para tocar el dolor y abrir los ojos a situaciones complicadas, como él mismo reconoce en su libro, escrito junto con Raj Sisodia,[2] y como comparte abiertamente cuando se lo conoce en persona. Su manera de dirigir personas desde una vocación humanista llegó gracias a un proceso personal no exento de dificultades.

Aquella crisis le golpeó la línea de flotación del ego y lo ayudó a cambiar personalmente, a conseguir un mayor nivel de consciencia, podríamos decir. Incorporó el liderazgo esencial o humanismo a su manera de dirigir equipos. Comenzó a crecer y adoptó más de 130 empresas, como le gusta decir. Según la consultoría KPMG, el 77 por ciento de las adquisiciones no alcanzan los objetivos previstos. No es el caso de Barry-Wehmiller: más del 90 por ciento de las organizaciones apadrinadas se integraron con éxito gracias a la cultura de cuidar a sus profesionales con el máximo respeto y la máxima responsabilidad. De hecho, es una de las empresas con mayor compromiso y menos rotación no deseada del sector, en un país donde cambiar de trabajo es de lo más fácil.

Desarrollar el liderazgo esencial comienza también con un crecimiento como persona.

Chapman comprendió que cada trabajador que entra en la compañía no es sólo un profesional, sino el hijo o la hija preciados de alguien, como le gusta decir, es decir, trata a las personas con el respeto y la dignidad con que merecen ser cuidadas, en especial, cuando las cosas se ponen difíciles. Retribuye su trabajo adecuadamente, ayuda a crear vínculos fuertes, defiende el propósito y pone en valor las diferencias. En definitiva, sabe cómo equilibrar los cuatro motores evolutivos para que las personas den lo mejor de sí mismas.

Toda esta filosofía se puso de nuevo a prueba en otro momento complicado: 2008, cuando la economía mundial se desplomó y con ella el número de pedidos de sus clientes y también los cobros. No podía mantener a todas las personas de la empresa, pero se las ingenió para evitar los despidos.[3] Se redujo el salario un 90 por ciento y diseñó un programa para que la producción se ajustara a las necesidades reales. Ofreció vacaciones y permitió que los profesionales escogieran cuándo podrían trabajar. Incluso los compañeros decidieron apoyar a quienes tenían más necesidades económicas. Dedicaron el tiempo libre a mejorar en la formación y en los valores de la empresa. No se despidió a nadie y aquel año la empresa consiguió un récord de beneficios. Desde entonces crece por encima del 14 por ciento anual, algo muy superior a las quinientas compañías principales del país, y todo gracias a equilibrar los cuatro motores y superar con éxito las crisis, que le permitieron dar a conocer su trasfondo como líder.

Todo el mundo quiere dar lo mejor. Confía en ellos.
Los líderes están por todos los sitios. Encuéntralos.
Las personas alcanzan diariamente pequeños y grandes objetivos. Celébralos.
Algunas personas desean cosas distintas. Escúchalas.
Todo el mundo es importante. Muéstraselo.

Bob Chapman y Raj Sisodia,
autores de *Todo el mundo es importante*

Bob Chapman es un hombre carismático, muy cercano, con muchísimas ganas de aprender, de divertirse en los negocios y, sobre todo, con un gran propósito. Cuando lo conoces personalmente te traslada el mensaje de humanizar los negocios desde el corazón y la razón, porque da resultados, porque las personas son más felices y porque es su deber como empresario. Así de contundente. De ahí que impulse un sinfín de iniciativas que quiere que lo trasciendan, como la Humanistic Leadership Academy, de la que Michael es el presidente. Bob es un ejemplo del triángulo del liderazgo esencial, que ya se presentó en el primer capítulo, que alimenta y equilibra los cuatro motores que tenemos como humanos.

Adquirir desde el liderazgo esencial

Barry-Wehmiller consiguió darles la vuelta como a un calcetín a los resultados cuando vinieron mal dadas. Aprovechó la situación complicada para afianzar el resto de los motores. Los resultados son la condición necesaria, pero nunca suficiente para que los profesionales queramos dar lo mejor de nosotros mismos. A veces a las empresas no les queda más remedio que despedir a las personas porque la situación es muy complicada y no se tienen las suficientes reservas para aguantar. O, sencillamente, porque el empresario ya se ha cansado y ha decidido hacer otra cosa; lo que sea. No obstante, la manera en la que se ejecuten las decisiones nos va a hablar de si esa empresa equilibra o no los motores para quienes se quedan. Para equilibrar el motor de adquirir, el más poderoso en el mundo de las organizaciones, necesitamos que no exceda ni que brille por su ausencia.

Tabla 6.2. El motor de adquirir en desequilibrio en las organizaciones y en los líderes

Motor	Exceso	Defecto
Adquirir	El dinero es lo único que importa: cualquier cosa vale por el corto plazo. Alta distancia de poder: los de arriba mandan mucho en contraposición a los de abajo.	No se retribuye adecuadamente (normalmente porque los de arriba ganan mucho y piensan que el resto vive del aire). Hay diferencias salariales significativas en igualdad de condiciones. No se reconoce el esfuerzo de los equipos.

Cuando no se retribuye adecuadamente a los profesionales o cuando existen diferencias entre ellos haciendo el mismo trabajo o en igualdad de condiciones, el motor está desequilibrado por defecto. La falta de reconocimiento también es un elemento que mina mucho a las personas, como también lo es que el jefe sea un experto poniéndose medallas sin reconocer al resto. También sucede cuando el motor de adquirir está presente en exceso y hace girar todo alrededor de los resultados: el largo plazo sucumbe ante el corto o se definen políticas agresivas que dañan el ambiente de trabajo dentro del equipo. En este punto vale la pena matizar algo: no estamos diciendo que no haya que arriesgar con incentivos elevados, sino que hay que tener en cuenta el resto de los motores para que funcione a lo largo del tiempo. Por ejemplo, una de las estrategias que Bob puso en marcha en 1997 fue crear un juego para que el equipo comercial se divirtiera trabajando, diez años antes de que se bautizara el concepto de gamificación en la empresa. Tenía unos objetivos ambiciosos, pero, cuando los acompañó con el refuerzo del vínculo, consiguió que las ventas aumentaran la maravillosa cifra de un 20 por ciento. Cuando los motores actúan conjuntamente, suelen dar buenos resultados; hasta el de adquirir mejora considerablemente.

Cuidar el vínculo para que los profesionales se sientan importantes

En 2014 tuve la suerte de visitar la central de Google en Palo Alto (California). Paseé por sus oficinas, me divertí viendo los toboganes de colores, las manzanas en la cafetería colocadas en los estantes a la altura de los ojos y las bolsas de patatas, hacia las que había que agacharse para poder cogerlas. Mensajes subliminales para aprender a cuidarse.

En aquella visita, el equipo de recursos humanos me habló de un proyecto maravilloso que habían puesto en marcha hacía poco tiempo y con el que estaban muy satisfechos. Se denominaba Proyecto Oxígeno y el objetivo era conocer qué hacían los mejores jefes para poder replicarlo en toda la organización. Sabemos que las personas cambian de trabajo —cuando pueden hacerlo— si dejan de creer en lo que hacen, si no están a gusto con sus compañeros o a causa del jefe. Esta última es la principal de las razones. En algunos mercados laborales, en los que no existe la posibilidad de cambiar alegremente, uno se queda en su trabajo, pero el compromiso y la ilusión se reservan para los fines de semana. Es lo que se conoce como el «despido interior», es decir, estar en cuerpo pero no en alma. Pues bien, mejorar la gestión de los jefes implica aumentar el compromiso de los profesionales, su productividad y, por tanto, los resultados de la empresa. Google lo sabía e investigó cómo conseguirlo de la mejor manera posible, desde una mirada científica.

Durante los primeros trece años de vida de Google, según me contaron, se había optado por dejar hacer a los jefes. Se pensaba que los mejores ingenieros serían muy buenos jefes porque enseñarían a sus colaboradores y éstos estarían la mar de contentos, pero no fue así. Como sucede en casi todas las empresas, los mejores técnicos no siempre son los mejores responsables de equipos. Sin embargo, Google necesitaban comprobarlo. Analizaron toda la información disponible de desempeño, de encuestas de evaluación...; más de diez mil datos cuantitativos y más de cuatrocientas páginas de información cualitativa en entrevistas y notas. «La parte cualitativa tuvimos que leerla entera», me aclararon. Manejaron más de cien variables y no se quedaron sólo con los datos numéricos (para eso son Google, ¿no?), sino que recopilaron frases, palabras, elogios, quejas y comentarios en general. Con todo ello en la coctelera vieron qué caracterizaba a los mejores jefes.

Inicialmente pensaban que los mejores líderes eran los que tenían mayor excelencia técnica y ofrecían una mayor libertad en el trabajo. No olvidemos que en las empresas de Silicon Valley no se estila el control y que no hay que fichar todos los días. Por lo tanto, el punto de partida no dejaba de tener cierta lógica. Sin embargo, se equivocaron. Según los resultados del análisis, los ocho hábitos que crean un buen líder reflejan el motor del vínculo y del aprendizaje como uno de los grandes factores de éxito (el de adquirir se supone que Google lo cumple sobradamente; sus profesionales suelen ser de los mejores retribuidos).

Los ocho hábitos de los mejores jefes según Google (¡motores de vínculo y de comprender al poder!)

1. **Ser un buen *coach***

   Ayuda al equipo a triunfar. Los hace sentirse importantes y los ayuda ante las dificultades.

2. **Facultar a los colaboradores (o *empowerment*) y no hacer microadministración**

   La gran estrategia para hacer sentir útiles a los miembros del equipo. El talento del equipo importa. Define la estrategia, les da poder, libertad, seguimiento..., pero el líder no se adentra en las tareas cotidianas incordiando a sus equipos.

3. **Interés por el éxito del equipo y por su bienestar personal**

   El líder se preocupa por el éxito compartido (no sólo el suyo propio) y cuida a su equipo. Las personas no somos diferentes fuera o dentro de la organización.

4. **Ser productivo y orientarse a los resultados**

   En este apartado se incluye la productividad y todos los medios que ha de brindarle el jefe al colaborador para que alcance sus resultados. Un jefe simpático pero que no logra resultados es un mal jefe, no lo olvidemos.

5. **Comunicar y escuchar al equipo**

   La escucha suele ser un problema para muchos jefes. El buen jefe escucha y fomenta la comunicación en todos los sentidos.

6. **Apoyar a los colaboradores en el desarrollo de su carrera**

   Las personas con talento quieren mejorar y un buen jefe les brinda los medios para que esto ocurra. De este modo consigue hacerlas sentir útiles.

7. **Visión y estrategia clara para el equipo**

   Un buen líder es aquél que, además, sabe contar con todo su equipo para alcanzar la estrategia prevista.

8. **Habilidades técnicas para ayudar al equipo**

   Curiosamente, el último hábito de los mejores líderes de Google era que éstos ayudaran técnicamente a sus empleados.

Pues bien, lo más impactante fue que estos resultados no siempre coincidían con las políticas de selección y desarrollo de sus empleados, es decir, buscaban cualidades para futuros jefes que no estaban alineadas con lo que los empleados luego valoraban. Por este motivo hicieron un cambio de estrategia y comenzaron a formar a sus jefes en los ocho hábitos anteriores y el resultado volvió a sorprender: después de un año, los gerentes con peor desempeño mejoraron un 75 por ciento la satisfacción de sus equipos. Un éxito, sin duda. Todo podría resumirse en hacer sentir importantes a las personas (ayudarlas a triunfar, dedicarles tiempo...) y a hacerlas sentir útiles (dándoles libertad, *feedback*...). En definitiva, poner los motores del vínculo y de la comprensión en acción.

Tabla 6.4. El motor del vínculo en desequilibrio en las organizaciones y en los líderes

Motor	Exceso	Defecto
Vínculo	Café para todos (no se diferencia por desempeño). Pensamiento único: no se admiten las críticas internas ni encaja la diversidad de opiniones. Un grupo de amigos, pero no necesariamente avanza o tiene resultados.	Un ambiente de trabajo que es un desierto.

En los entornos profesionales que parecen desiertos, el motor del vínculo se esconde.

Cuando el motor del vínculo está equilibrado, uno se siente como en familia, confía en los compañeros y tiene todos los ingredientes para el compromiso. Sin embargo, en la empresa no sólo hay que llevarse bien, sino también sentir que avanzamos. Si esto último no sucede, este motor también entra en desequilibrio y acaba afectando al ambiente de trabajo. Forma parte de nuestra naturaleza. Es lo que ocurre con el estilo de liderazgo que se basa en el «café para todos», es decir, cuando se evita dar *feedback* para corregir algo porque se tiene miedo a ser excluido (típico de mandos medios recién ascendidos) o no se reconoce al mejor respecto a quien no hace nada (un problema clásico en el mundo del funcionariado). Pues bien, se ha comprobado que este desequilibrio hace que los mejores se vayan o que se caiga en la desidia colectiva. La equidad debería estar presente en las posibilidades de partida, pero no convertirse en una apisonadora de los resultados.

Cuando se acallan las críticas internas por el miedo a no pertenecer, se vuelve a desequilibrar el motor. O cuando parece que estamos obligados a decir lo mismo porque la diversidad de opiniones se concibe como una amenaza. Así surgen los pensamientos únicos y el motor de comprender se esconde tímidamente en algún rincón de nuestra vida. También suele ocurrir cuando se montan empresas con amigos: el vínculo es muy fuerte, pero si no existe un propósito común y no hay un compromiso sincero de alcanzar objetivos, no se va a ningún lado. Es posible que ésa sea una de las causas habituales de fracaso en la creación de empresas cuando se es joven. La amistad es importante, pero ha de estar equilibrada. Es más, sabemos que, si el vínculo no existe, se vive en un desierto, como bien conocen los profesionales que van a trabajar diariamente pero no saben si el de al lado tiene pareja, si le gusta la pesca o si está pasando un mal momento. La cercanía humana es un abrazo, ha sido crucial para llegar hasta aquí como especie y nos permite dar lo mejor de nosotros mismos, pero debe estar en equilibrio con los demás motores.

Comprensión o que el profesional se sienta útil haciendo algo que tiene un sentido

Larry Fink es el presidente y director general de la gestora de fondos más importantes del mundo, BlackRock. Comenzó como una *start-up* junto con sus socios hace veinticinco años y en la actualidad manejan una fortuna de 10 billones de dólares. Casi nada. El éxito de la empresa está en el acierto de sus inversiones, y para ello tienen un as en la manga: buscan compañías rentables con crecimiento a largo plazo y que sean sostenibles. En otras palabras, se preocupan por el propósito de las empresas en las que invierten. Tanto es así que Fink envía todos los años una carta a los directores financieros compartiendo su filosofía, cómo ven el mundo y, sobre todo, recordando la importancia del propósito en sus decisiones:[4]

> Poner el propósito de su empresa en la base de sus relaciones con los *stakeholders* es fundamental para el éxito a largo plazo. Los empleados deben comprender y conectarse con su propósito y, cuando lo hagan, pueden ser sus acérrimos defensores. Los clientes quieren ver y escuchar lo que usted representa, ya que buscan cada vez más hacer negocios con empresas que comparten sus valores. Y los accionistas deben comprender el principio rector que impulsa su visión y su misión. Será más probable que lo apoyen en momentos difíciles si tienen una comprensión clara de su estrategia y lo que hay detrás de ella.

Y lo dice uno de los hombres más ricos del mundo. El propósito es lo que ha de mover a las organizaciones y a las personas, porque a partir de ahí vendrá el resto. En nuestros términos: el motor de comprender debe estar muy presente si queremos alimentar el de adquirir. Cuando las personas trabajan en algo en lo que creen se sienten útiles, porque su trabajo contribuye a algo más grande. Sucede lo mismo con el aprendizaje y el talento: si consideran que pueden poner todas sus capacidades en juego, aún se sienten más comprometidos y felices. De nuevo, está en nuestra naturaleza. Existen un sinfín de ejemplos de empresas grandes y pequeñas que alimentan el motor de comprender.

Axa España es una de las empresas más admiradas en Europa por cómo cuida a sus profesionales y por sus programas de desarrollo personalizados. La compañía IDEO, en San Francisco, entrega a sus profesionales un presupuesto para que lo destinen a la formación que ellos consideren relevante, sin importar cuál sea. Puede ser hasta una cata de vinos, porque quizá estén trabajando en una propuesta para una bodega. Vicente Ruiz, cofundador de la empresa RNB Cosmetics, en Valencia, habla de la «revolución de las pequeñas cosas», para que los profesionales puedan percibir en cada detalle el propósito humanista que mueve a los fundadores de la compañía. Todo ello tiene una intención clara: hacer que el motor de comprender esté presente. El problema surge cuando no es así, cuando hay un exceso o una carencia.

Tabla 6.5. El motor de comprender en desequilibrio en las organizaciones y en los líderes

Motor	**Exceso**	**Defecto**
Comprender	Todo en el nombre del propósito (y más allá de eso, da igual).	No se sabe para qué se trabaja. Falta de estímulo intelectual. No hay aprendizaje.

Como ya hemos comentado, el propósito es importante, pero, de nuevo, ha de estar en equilibrio. Un contexto con un exceso en el motor de comprender es capaz de devorar todo lo demás. El fanatismo o la ideología que pretende que todo el mundo piense del mismo modo no deja de provenir de este motor en desequilibrio. Ahora bien, sin llegar a estos extremos, hay organizaciones creadas en torno a un propósito que consideran que es lo único de lo que han de vivir los profesionales que allí se comprometan. Vamos a repetirlo: no vivimos del aire. También necesitamos sentirnos seguros y tener unos buenos vínculos. Si no, es imposible que demos lo mejor de nosotros, por mucho que creamos en el objetivo último. En el otro extremo están las organizaciones en las que el motor de comprender brilla por su ausencia.

Los entornos en los que no se aprende nada nos resultan profundamente desmotivadores. Es cierto que hay profesionales más exigentes que otros; hay quien necesita estar devorando información constantemente y quien aprende con cualquier cosa. Sin embargo, en general, la rutina, la falta de desafíos, vivir diariamente en nuestra zona de confort... nos acaban agotando. Es lo que sucede cuando el motor de comprender está ausente en la ecuación de la empresa y quien la dirige no se preocupa de que los equipos aprendan nada nuevo. Esto es pan para hoy y hambre para mañana, pero hay quien todavía escatima con el aprendizaje en la compañía.

Otro motivo por el que este motor puede estar en desequilibrio es cuando no se sabe para lo que uno trabaja. Como hemos comentado antes, los profesionales con ingresos bajos suelen ser los más vulnerables. Es cierto que muchos de los trabajos que se llevan a cabo pueden llegar a ser rutinarios, pero éste suele ser un problema del jefe y de cómo comunica los objetivos y el propósito.

Cuando Bob Chapman nos invitó a Michael y a mí, junto con varios colegas, a conocer su fábrica en Wisconsin, tuvimos la oportunidad de conversar con algunos de los trabajadores de planta. Les pregunté a varios de ellos qué era lo que más los motivaba a hacer bien su trabajo. La respuesta fue unánime: estaban muy orgullosos de sus oficios, pero sabían que tenían que dar lo mejor de ellos porque de sus manos salían los productos sobre los que otros compañeros tenían que trabajar y así sucesivamente, hasta llegar a los clientes. «Si yo fallo, le afectará a mi compañero y al final no conseguiremos entregar un buen producto a nuestros clientes para que estén satisfechos con lo que hacemos», contestó uno de ellos. La respuesta no sólo se apoyaba en el vínculo, sino en mirar más allá, en comprender la trascendencia de lo que hacían.

Cuando los profesionales se sienten útiles porque pueden poner su talento en juego y saben que trabajan orientados a un propósito, se sienten más comprometidos y felices.

Cualquier trabajo, por insignificante que parezca, necesita un propósito, aunque sea hacer feliz a la persona a quien se atiende en una tienda. Sin embargo, para adquirir esta perspectiva, se necesita que el jefe cree el contexto adecuado, lo comparta y actúe en consecuencia. Ésta es una de las claves del liderazgo esencial.

Defensa: la seguridad psicológica en estado puro

En 1982 el alcalde de Yonkers invitó al maestro budista Bernie Glassman[5] a visitarlo. Glassman había nacido en Estados Unidos, sus padres eran europeos y había obtenido un doctorado en Matemáticas Aplicadas en la UCLA. Pero, más allá de sus títulos académicos, Glassman había montado su propia comunidad budista en el barrio del Bronx de Nueva York dos años atrás y había abierto una panadería, especialmente para dar servicio a su comunidad. Por aquel entonces, Yonkers, al norte del Bronx, albergaba una de las mayores cifras de mendigos de Estados Unidos, con altos índices de criminalidad y de presencia de drogas. A Glassman la situación le pareció muy propicia para trasladar allí su pequeña panadería y dar servicio a aquella zona.

Comenzó a elaborar *brownies*. Necesitaba mano de obra, así que inició un proceso de selección con una diferencia significativa: se contrataba por orden de llegada, sin entrevistas, ni informes médicos previos, ni análisis de drogas, ni nada. Simplemente, quien quisiera trabajar allí debía dejar su nombre y su número de contacto en una lista y, cuando hubiera una vacante, se le llamaría. Así de simple. Era la filosofía de Glassman: el pasado no condiciona el presente, y mucho menos la capacidad de aprender a hacer *brownies*. No importaba que la persona hubiera estado en la cárcel o viviera en la calle. Bajo estos principios arrancó Greyston Bakery. Pronto comenzó a producir los pasteles y las tartas que se consumían en los restaurantes más elegantes y caros de Nueva York, y en 1990 tuvo su golpe de suerte: empezó a producir los *brownies* para los helados de Ben & Jerry's y su producción saltó a los 14 millones de dólares, en una empresa con 75 empleados, lo cual alimenta al resto de los proyectos sociales que también creó Glassman para acoger a los más desfavorecidos. Y lo más importante: una de las claves fundamentales del éxito de la empresa fue garantizar la seguridad psicológica de los empleados, sin importar el origen o los posibles errores que hubieran cometido en el pasado. En otras palabras, consiguió convertirse en ejemplo de un motor de defender equilibrado.

Tabla 6.6. El motor de defender en desequilibrio en las organizaciones y en los líderes

Motor	Exceso	Defecto
Defender	Todo se percibe como una amenaza. Adiós al change mindset o cambio de mentalidad.	Falta de seguridad física o psicológica. Miedo a mostrarse, a compartir opiniones, a ser uno mismo.

El motor de defender nos protege de los peligros. Nos activa el miedo ante las amenazas y es fundamental que esté en nuestras vidas, como el resto de los motores. Sin embargo, cuando está desequilibrado, causa estragos. Trabajar en entornos con poca seguridad física puede suponer tener accidentes laborales, algo que en los países más desarrollados hace años que se intenta reducir a cero. No obstante, existe otra seguridad más intangible y que se percibe menos, que es la psicológica, como hemos comentado en capítulos anteriores, y es especialmente importante en los momentos de vulnerabilidad.

Sólo desde la confianza podemos ser auténticos, y eso sólo se logra cuando el motor de defender está en equilibrio.

En la época de confinamiento por la COVID-19, muchas empresas se preocuparon por los profesionales de diversas maneras. Más allá de reuniones de equipo online para que pudiesen expresar cómo se encontraban, hubo iniciativas muy cuidadas para transmitir cariño y seguridad: desde enviar por sorpresa desayunos a cada uno de los hogares para compartir un café juntos hasta mandar mensajes personalizados para hacerles saber que no estaban solos. Todo ello tuvo que ver con el vínculo y con la defensa (sentirse seguros). En nuestra consultoría beUp, por ejemplo, mi socia Marta Romo y yo, previendo la situación, unos días antes del confinamiento nos ofrecimos a pagarles un billete de ida a todos los profesionales que trabajaban en la empresa en Madrid que eran de fuera. Nuestros consultores originarios de Ecuador, México o Perú volvieron a sus países de origen y trabajaron online. Fue una manera de proteger a las personas, sabiendo que venían meses muy complicados.

La confianza en los equipos es crucial para ser auténticos. Es difícil que seamos nosotros mismos si sentimos que nos pueden cuestionar por nuestra forma de pensar o por ciertas características, como nuestra tendencia sexual, la edad, la raza u otros aspectos. Es como si tuviéramos que protegernos siempre de comentarios velados. En estos casos, el motor de defensa está extraordinariamente activo, en desequilibrio con el resto, y desde ahí ni se generan vínculos, ni se puede aportar al propósito de la organización, ni alcanzar plenamente los resultados. Por eso, los sesgos hacen tanto daño, porque minan la autoestima de quienes los sufren y les activan este motor en exceso. El líder que dirige desde lo esencial aprende a revisar los sesgos y a cuestionarlos, incluyendo los relacionados con la edad, como vamos a ver a continuación.

Sacando lo mejor de la diversidad intergeneracional

Ahora un chico de veinticinco años no está pensando en casarse, tener hijos, hipotecarse, conseguir un trabajo para toda la vida y convertirse en un «hombre de provecho». Alguno habrá, pero son excepciones en Europa Occidental o Estados Unidos. Sin embargo, éste era el principal sueño de los jóvenes de la generación *baby boomer*. Su infancia discurrió después de la Segunda Guerra Mundial, o de la Guerra Civil, en el caso de España. Las fechas de nacimiento de esta generación para la mayor parte de Occidente fueron de 1946 a 1964 (en España el *baby boom* fue más tardío, ya que costó recuperarse de la contienda interna, y no se contaba con la ayuda internacional que tuvieron otros países por aquel entonces). Para los *baby boomers* reconstruir el país era un mandato social. Se trata de una generación dura, dispuesta al sacrificio y sin problemas para tener muchos hijos, ya que las mujeres se quedaban en casa. Sin embargo, las cosas han cambiado.

Es difícil que alguien de la generación Z, los nacidos entre 1995 y 2012, comparta el concepto de hombre o mujer de provecho tal como lo vivieron sus abuelos. En España es posible que quieran ser funcionarios (dudo que sea siempre por vocación, sino más bien por las posibilidades de estabilidad laboral que ofrecen este tipo de trabajos). No estarán muy interesados en hipotecas, porque tampoco son fáciles de pagar ahora y, a diferencia de sus padres, tendrán la creencia de que el trabajo no es un lugar donde hay que dejarse la piel, sino una parte más de la vida. Posiblemente sea una posición más inteligente en este sentido.

Los *baby boomers* y la generación Z están en los extremos de las cuatro generaciones que conviven ahora en las empresas y que no siempre parecen entenderse. Junto con ellos están los de la generación X (1965-1979) y los *millennials* o generación Y (1980-1994). En unos años llegarán los nacidos después de 2013, que todavía no tienen nombre oficial, aunque algunos ya los denominan «Alfa». Por supuesto, también están los jubilados, que no trabajan pero forman parte de la sociedad, pertenecientes a la llamada «generación silenciosa» (nacidos entre 1925 y 1945). Cada generación comparte una cultura similar, una forma de expresión y unos sueños distintos. Mientras que los primeros podrían anhelar vivir en una casa propia y tener un coche para ellos, los Z conciben la propiedad de un modo distinto. Buscan más las experiencias que poseer cosas, quizá porque los salarios son inferiores en comparación o porque el mundo ha cambiado. La realidad es que cada generación tiene sus motivaciones y sus miedos y en las empresas a veces cuesta que unos se pongan en la piel de los otros. Sin embargo, lo que aquí planteamos, los motores evolutivos, son un descodificador importante entre las diferentes frecuencias.

Gráfico 6.1. Diferentes generaciones, distintas actitudes... y los mismos motores

Diferentes generaciones implican **diferentes actitudes**

Baby boomers
1946-1964*

- Post **II Guerra Mundial**.
- El **trabajo** es lo más importante.
- Valora la **productividad**.
- Aprecia el **estatus** y el crecimiento vertical.
- La **mujer** se incorpora al mercado laboral.
- **Cambio** en el modelo tradicional.

* En España el crecimiento de la natalidad fue algo más tardío.

Generación X
1965-1980

- Sufrieron grandes **cambios**.
- Vida **analógica en la infancia** y digital en la madurez.
- Llegada de **internet**.
- No logra desprenderse de **culturas organizacionales**.
- Generación de la **transición**.
- **Independencia** y **autonomía**.
- Énfasis en la **estabilidad** y el **trabajo duro**.
- Crecer y superarse.
- Valoración de la **diversidad** y la **inclusión**.

Generación Y
1981-1996

- ***Millennials.***
- **11/09/21** y la **crisis económica** del 2008.
- Multitareas.
- No conciben la realidad sin **tecnología**.
- **Calidad de vida.**
- Son **emprendedores**.
- **Tecnología para entretenimiento**: internet, SMS, MP3, MP4, DVD...
- Lo que es un **lujo** para la generación X, para la generación Y son **productos «básicos»**.
- Abandonan la **casa de los padres** más tarde.

Generación Z
1995 y 2012

- **Nativos digitales.**
- No han accedido al mundo laboral.
- Propensión al **consumo**.
- **Acceso y manejo** a toda su tecnología: internet, SMS, smarthpones, iPod, iPad...
- **Tecnología** como elemento fundamental.
- Medios de comunicación: **redes sociales**.

Fuente: beUp (2024).

El liderazgo esencial mira más allá de las generaciones o de las culturas. Se centra en la base como humanos, independientemente de la tecnología o de las innovaciones que haya por el camino. Si no han variado en exceso los cuatro motores que presentamos en los últimos trescientos mil años, ¿cómo van a ser diferentes en apenas unas décadas? Hemos visto anteriormente que a quien decide convertirse en *influencer* para ganar dinero le mueve lo mismo que quien soñó con alcanzar una posición en una empresa para obtener una nómina durante años, por ejemplo. Los motores son los mismos, lo que varía es la expresión de éstos. Si fuéramos capaces de ver más allá de las apariencias y ampliáramos nuestra sensibilidad, veríamos que los miedos y los anhelos son una mera actualización conforme a los tiempos. Si en vez de ahondar en las brechas, ya sean de género, edad o de cualquier otro tipo, pusiéramos más énfasis en lo que nos une como personas, muchas asperezas se limarían. Por eso, el liderazgo esencial tiende puentes para conectar con lo que realmente tenemos en común como personas. Sin embargo, el trabajo comienza en uno mismo, y no siempre es fácil.

El liderazgo esencial tiende puentes para conectar con lo que nos une y no se centra en las diferencias.

El liderazgo esencial comienza reconociendo las propias fortalezas profundas

El desarrollo del liderazgo esencial pasa por conocerse uno mismo. El problema es que nos gusta engañarnos, incluso cuando jugamos al solitario. Es difícil saber qué nos mueve realmente si nos cubrimos con una capa de explicaciones y justificaciones, cada cual más variopinta. Hay jefes que dicen que lo más importante son las personas y luego no son generosos a la hora de repartir el variable, porque internamente los mueve más el motor de adquirir que el del vínculo. Hay otros que afirman que cuidar el medio ambiente es una prioridad y después no se preocupan de ello en las fábricas que dirigen porque así se ahorran gastos (de nuevo, la estrella del *rock*: el dinero, adquirir). La incoherencia campa a sus anchas en las organizaciones y lo peor de todo es que quien dirige no siempre se da cuenta.

Cuando internamente vivimos con cierta tensión, nos contamos excusas para aliviarla. Por ejemplo, cuando pensamos que el vínculo en el trabajo es importante pero preferimos no repartir el variable y quedárnoslo todo nosotros. Este mecanismo se conoce como disonancia cognitiva y es lo que nos puede dificultar reconocer nuestros motores internos. Como la disonancia cognitiva pone en marcha una máquina de niebla artificial, no somos capaces de ver con claridad. Por eso, necesitamos rodearnos de personas sinceras, que nos reten y nos cuestionen y que no nos aplaudan siempre. También necesitamos pasar tiempo con nosotros mismos y dejar móviles y ruidos a un lado para sentir qué nos sucede. A veces trabajamos en exceso para olvidar... que no nos gusta el trabajo que hacemos. Pero así somos y nuestra mente se llena de argumentos para confundirnos.

Trabajar el liderazgo esencial pasa por tocar nuestra vulnerabilidad, quitarnos las capas de superhéroes o superheroínas y tener amigos que nos quieran y que nos recuerden quiénes somos, más allá de nuestras tarjetas de visita. En definitiva, ser nosotros mismos. Todos en algún momento tocamos nuestros vacíos personales, lo cual suele ocurrir cuando hemos descuidado algún motor: no le encontramos el sentido a lo que hacemos, necesitamos otras relaciones que nos alimenten, nos gustaría tener más reconocimiento o el miedo nos acosa; lo que sea. Hemos de mirar a la cara a lo que nos sucede, tener conversaciones que nos ayuden a crecer y despertar la intención de poner más consciencia en nuestro día a día.

El liderazgo esencial empieza centrándose en la esencia personal, sin egos ni demostraciones estériles. Si nos llenamos de engaños, excusas, argumentos vacíos..., será difícil que lideremos nuestra vida, y mucho más que influyamos positivamente en la vida de otras personas. Sin embargo, está en nuestras manos la intención de seguir avanzando.

El liderazgo esencial comienza centrándose en la esencia de uno mismo, sin egos ni demostraciones estériles.

El liderazgo esencial pasa por reconocer nuestras fortalezas y las de las personas en las que tenemos la oportunidad de influir. Nuestras fortalezas no habitan sólo en el plano individual, sino que debemos incorporar también una mirada más profunda y sistémica, como hemos intentado plasmar a lo largo de estas páginas.

Si algo me ha enseñado escribir este libro, acompañada por Michael, es el poder que cada uno de nosotros acumulamos en nuestras células. Desde un punto de vista histórico, somos casi un milagro; como *sapiens* estuvimos a punto de extinguirnos. Somos el éxito de muchos otros que se quedaron por el camino de la evolución. Fuimos capaces de superar dificultades colosales y estamos preparados para lograr hazañas que todavía no somos capaces ni de imaginar.

Cada uno de nosotros conserva ese instinto de reinventarse, de sobrevivir, de soñar o de dejar una mano pintada en algún lugar, ya sea una cueva o la arena de una playa. Ésos son nuestros motores. Reconocer nuestras raíces nos da fuerzas para continuar, porque detrás de cada persona hay millones de seres que contribuyeron a que estemos aquí. Contemplar los motores es reconocer nuestra grandeza como humanos, como parte de la naturaleza que debemos cuidar y respetar. Ésta es la intención del liderazgo esencial: regresar a los básicos, honrar el pasado y el presente para enamorar al futuro.

Podemos seguir en contacto a través del siguiente enlace:

<www.pilarjerico.com/motores-evolutivos>

7

Equilibrando nuestros cuatro motores

por Michael A. Pirson

Liderándote hacia arriba

Alicia es una gerente muy poderosa de una gran corporación y se ha esforzado mucho para avanzar en su carrera. Pidió asesoramiento porque sentía que tenía todo aquello por lo que había trabajado, pero creía que todavía le faltaba algo importante. Dirigía una división muy rentable de una empresa de productos de consumo y tenía influencia mundial. Incluso creyó que podía marcar la diferencia transformando la cadena de suministro para avanzar hacia la producción sostenible de aceite de palma. Sentía que su trabajo tenía un significado más allá de lo que jamás había contemplado, pero el hecho de no tener una familia y una pareja estable le estaba afectando demasiado.

Todos sabemos intuitivamente cuándo estamos fuera de equilibrio. Sin embargo, en muchos casos esta consciencia se agudiza sólo cuando el desequilibrio es tan fuerte que duele, como le sucedió a Alicia, a quien le dolía no tener un vínculo de confianza con una pareja y no haber creado una familia. Si bien la historia de Alicia es inventada, todos podemos sentir empatía y verla con demasiada frecuencia en nuestra vida profesional. Sin embargo, muchas personas priorizan el motor de adquirir por encima del vínculo o del propósito. Por ejemplo, a menudo toleramos amistades que nos brindan un cierto nivel de conexión pero que, más allá de eso, pueden resultar insatisfactorias y superficiales, ya que carecen de propósito. Algunos de nosotros preferimos la seguridad de nuestro hogar a viajar por el mundo o la seguridad de nuestra vida rutinaria a probar algo nuevo.

Liderarnos a nosotros mismos y dirigir nuestra vida es más fácil cuando sabemos quiénes somos. Las páginas anteriores son una elaboración de quiénes somos como humanos y qué tenemos en común en esencia. Por supuesto, existen muchas diferencias individuales, culturales y posiblemente basadas en el género. Nadie puede discutir eso. Sin embargo, en nuestro mundo, a menudo parecemos cegados por nuestras diferencias en lugar de guiarnos por lo que tenemos en común.

Los capítulos anteriores son una invitación a vernos de nuevo. Sabemos que nuestra autoconsciencia ha aumentado al conocer nuestro pasado evolutivo. De hecho, nos ha ayudado a aceptarnos más y a tolerar mejor a quienes nos rodean. Las investigaciones han demostrado que la autoconsciencia es un paso clave en el desarrollo personal y una piedra angular para mejorar el liderazgo. También sabemos que no hay límite para la autoconsciencia y que cada gran líder encuentra formas de mejorar cada día. Como dicen algunos, el desarrollo personal y el liderazgo son montañas sin cima: si lo deseas, siempre podrás seguir subiendo.

Umbral de dignidad

A menudo experimentamos nuestra naturaleza animal y también sabemos intuitivamente cuándo alguna forma de tratamiento es inhumana. En el contexto del liderazgo humanista llamamos vivir humanamente a vivir con dignidad.

Donna Hicks, experta en negociación con sede en Harvard, sugiere que los conflictos en nuestra vida surgen cuando las personas no son tratadas con dignidad. Nuestra investigación muestra que las personas se sienten indignadas cuando no satisfacen al menos uno de los cuatro motores. Ser consciente del posible desequilibrio puede permitirnos adaptarnos.

Esther era una profesora consumada, pero se sentía muy sola y no incluida. En su carrera profesional no la habían ascendido al nivel de profesora titular y no se sentía reconocida. Decidió tomar medidas, demandar a la universidad e iniciar una causa prolongada. La demanda fue desestimada después de seis años y muchos dólares gastados. En conversaciones privadas admitió que no se sentía reconocida por su trabajo y que le dolía ser tachada de colega «difícil». Se había sentido sola y menospreciada. Lo único que quería era que algunos colegas se disculparan y formar parte del departamento de manera productiva. Cuando una nueva jefa de departamento se dio cuenta de la situación, reconoció su aportación y la invitó a participar en diferentes proyectos de investigación, Esther comenzó a florecer y a sentirse más viva.

Es fácil ver que no tener casa o tener un trabajo precario socava la dignidad humana. Sin embargo, también lo es no llevar una vida con sentido y ser parte de un equipo en el que no hay confianza. Crear nuevos turnos en las empresas, aunque sean muy pequeños, no cuesta nada, pero tiene grandes efectos. Por ejemplo, la introducción de una hora del almuerzo común cambió la dinámica y la productividad de todo un departamento de una empresa del sector energético estadounidense. Hacer que las personas dejaran de comer en su cubículo proporcionó un espacio social que la gente comenzó a disfrutar. De hecho, se lo pasaban bien cuando iban a trabajar y después se concentraban mucho más.

En una empresa de ciberseguridad muchos de los nuevos empleados no tenían ni idea del propósito general de sus tareas. Uno de los analistas empezó a hacer preguntas sobre la finalidad de los proyectos en una reunión de grupo. Los gerentes compartieron las necesidades de seguridad que el cliente necesitaba abordar y, a medida que se aclaró el propósito, muchos de los compañeros de trabajo más jóvenes comenzaron a aportar sugerencias sobre otras soluciones que los clientes valoraron.

Crear una cultura de seguridad psicológica es una de las formas en que los líderes pueden apoyar el equilibrio de los cuatro motores para ellos mismos y para los demás, simplemente reconociendo e identificando las fuentes de inseguridad y trabajando juntos para abordarlas. Muchas veces esas soluciones no requieren mucho dinero, sino más bien tiempo e intención. Los buenos líderes comunican mucho sobre las importantes necesidades de seguridad que todos tenemos.

Algunas de las acciones básicas para reequilibrarnos a nosotros mismos y a quienes nos rodean simplemente precisan consciencia. Sin embargo, a medida que nos desarrollamos como líderes, normalmente necesitamos elevar nuestra consciencia y nuestra sensibilidad. No es una tarea fácil, ya que requiere una reflexión profunda y, a menudo, nuevas habilidades.

Consciencia para prosperar

Nuestros estudios muestran que las personas que prosperan y son más felices llevan más tiempo desarrollando un mayor nivel de consciencia. Sabemos que existe un umbral mínimo de dignidad y que hay muchos más niveles que nos llevan a vivir vidas florecientes. Cuando las personas desarrollan su consciencia, suelen encontrar desequilibrios en su vida y se esfuerzan para reajustarse. Algunos de los desequilibrios más comunes son, por ejemplo, la pérdida del trabajo, la ruptura de una relación o el divorcio, la pérdida de la fe o, en algunos casos, problemas graves de seguridad, como enfermedades o guerras. En muchos sentidos, estas dificultades o tragedias se convierten en invitaciones a elevar nuestro nivel de consciencia para poder vivir con alegría a pesar de la adversidad. Por supuesto, es más fácil decirlo que hacerlo. Sin embargo, es aquí donde radica la posibilidad de un liderazgo humanista: en nosotros.

Pues bien, este libro es una invitación a equilibrar los motores a través de la elevación de la consciencia. Es el primer resultado de la colaboración entre Pilar y yo. Ya estamos planeando escribir más y también ofrecer encuentros en los que compartir las posibilidades que tienen las organizaciones y los líderes para crear un mundo alineado con la naturaleza, que funcione para todos y que ponga las bases para que todas las personas prosperen.

¡Gracias por acompañarnos en este apasionante viaje!

Epílogo

Hacia una economía y una organización humanistas

por Michael A. Pirson

Las empresas humanistas: compartiendo un mismo propósito

Pilar y yo nos conocimos en conversaciones con nuestro querido colega Manuel Guillén, quien era un apasionado de humanizar las prácticas empresariales. Lamentablemente, falleció demasiado pronto, en abril de 2023. Manolo, como lo llamábamos, y yo habíamos colaborado estrechamente en varias redes y asociaciones que había cofundado en el pasado para crear un mundo donde hubiera cabida para todos. Nuestro propósito era conseguirlo a través de la transformación en los negocios y en la educación. En este marco de colaboración, Manolo me presentó a Pilar, una persona reconocida que trabajaba con el mismo propósito que él.

Pasamos varios días juntos en Phillips (Wisconsin) invitados por Bob Chapman, presidente ejecutivo de

Barry-Wehmiller, una empresa manufacturera global de gran éxito. Su crecimiento se atribuye a la manera en la que gestiona a su gente. A pesar de que estuvimos allí apenas tres días, tuvimos la oportunidad de percibir las hermosas posibilidades de un lugar de trabajo humanista. Una de las noches, ayudados por buena comida, gente estupenda y sólo un poco de vino, nos reunimos para compartir nuestros chistes favoritos (sí, así de humano era el contexto).

Compartí mi chiste preferido, sobre un caballo que va al panadero y quiere un poco de pan. El panadero dice: «Lo siento, caballo, no hay pan para ti». El caballo se molesta visiblemente, va a casa del panadero y rompe su piano... No hace falta que siga, ¿verdad? Nadie entendió realmente el chiste. Bueno, aunque nadie lo entendiera, Pilar se me acercó después y me dijo: «Deberíamos escribir un libro. Un libro sobre el liderazgo humanista, no de estilo académico, sino más cercano». Ay... Le dije que lo pensaría y conversamos en diversas sesiones de la Humanistic Leadership Academy, en la Universidad de Harvard, en la Universidad de Fordham (Nueva York) y en muchos encuentros online. Quedó claro que tenía sentido asociarse y colaborar para difundir el mensaje, el conocimiento y las posibilidades de la gestión y el liderazgo humanistas.

Permíteme contarte cómo empecé a interesarme por lo que llamamos liderazgo humanista, un concepto del que puedes leer los fundamentos científicos básicos al estilo Pilar y que ella ha recogido en parte en los capítulos anteriores. Crecí en Alemania en la década de los ochenta, cuando todavía había dos estados alemanes: uno comunista y otro más o menos capitalista. De hecho, crecí muy lejos de Alemania del Este, en la parte suroeste, cerca de Basilea (Suiza). Vivíamos tan cerca de la frontera que tenía que atravesar Suiza en bicicleta para llegar a mi escuela en Alemania, porque había una montaña que teníamos que rodear. Entonces las fronteras nos parecían familiares y fáciles de cruzar, hasta que un día visitamos a mis abuelos, que vivían cerca de la frontera con Alemania del Este. Recuerdo que mi hermano y yo éramos unos locos del fútbol e incluso llevábamos siempre un balón cuando caminábamos por el bosque con nuestra familia. Cuando visitamos la casa de mis abuelos, nos emocionó ver un espacio inmenso y un prado donde podíamos jugar. Entonces mis abuelos gritaron para que no fuéramos allí y nos impidieron correr hacia aquel maravilloso campo, porque estaba lleno de minas, cercado y había una torre de vigilancia a unos 100 metros de nosotros. Recuerdo a los soldados mirándonos y apuntándonos con sus armas. Fue uno de los momentos más extraños de mi vida. No entendía por qué podía haber una frontera tan peligrosa dentro de un mismo país mientras que otras que separaban países se atravesaban tan fácilmente. Era difícil encontrarle el sentido, especialmente de niño.

Sin embargo, esa pregunta permaneció conmigo y comencé a cuestionar y a estudiar las razones históricas, políticas y económicas que había detrás de la partición de Alemania. En definitiva, llegué a la conclusión de que era importante pensar: pensar en quiénes somos, qué queremos y cómo podemos organizarnos mejor para lograr nuestros objetivos. También llegué a la conclusión de que gran parte de los pensamientos con los que habíamos creado las organizaciones estaban desactualizados y tenían que ponerse al día. Lo que has leído en los capítulos anteriores sobre los cuatro motores representa la base de la gestión y el liderazgo humanistas y proporciona una respuesta a la pregunta fundamental de quiénes somos como personas y qué tipo de liderazgos, organizaciones y sociedades contribuyen a nuestro florecimiento.

Por desgracia, actualmente vivimos en tiempos con muchas crisis simultáneas. Muchas personas están deprimidas en silencio y cada vez más abiertamente insatisfechas. Vemos agitación y caos a nuestro alrededor y cada vez hay menos esperanza real de soluciones positivas. Como observó Thomas Friedman, de *The New York Times*, estamos experimentando una pobreza de dignidad a escala global, a pesar de tener los niveles de riqueza más altos jamás vistos en la historia de la humanidad. ¿Cómo puede ser?

El fallecido poeta David Foster Wallace compartió un chiste para ilustrar que la mayor parte de la humanidad está atrapada en una mentalidad que actualmente no nos sirve. Dos peces se encuentran en el océano, el primero saluda al segundo y le dice: «Hola,

¿cómo está el agua?». El segundo pez se queda estupefacto y pregunta: «Oye, ¿qué es el agua?». De manera similar, desconocemos la cultura y las mentalidades que guían nuestra vida diaria. Estas mentalidades invisibles están dando forma a cómo nos organizamos y cómo respondemos a las crisis actuales.

De sándwiches y *bagels*

Tomando prestado el ejemplo de Kate Raworth, vivimos en un mundo de sándwiches triangulares. En nuestras escuelas de negocios retratamos nuestro mundo como un sándwich triangular al estilo estadounidense, inclinado hacia arriba. En mis clases utilizo este sándwich como metáfora de la mentalidad dominante actualmente en el ámbito de los negocios. Representa la idea de que todo lo que queremos es MÁS: más crecimiento, crecimiento ilimitado. Este concepto es profundo y está arraigado culturalmente en todo el mundo. Viene a decir que nacemos como individuos para maximizar nuestro propio beneficio. La ambición más importante para nosotros es hacer crecer indefinidamente la riqueza y nuestra rentabilidad y la de nuestras organizaciones. Las medidas del éxito y del fracaso se miden exclusivamente por cuánto aumentamos nuestros ingresos, nuestras ganancias y el producto interior bruto. Los líderes empresariales y políticos caen y ascienden con estas medidas de éxito.

Sabemos que esto es intuitivamente incorrecto. Nuestras canciones pop nos lo recuerdan: tenemos límites y las cosas más importantes de la vida son gratis. Aun así, nuestra imaginación, especialmente en la educación empresarial, es bastante limitada. Sabemos que todos necesitamos cumplir un mínimo básico para prosperar. También existen los límites físicos, lo queramos o no, y también los tiene el planeta que nos sustenta.

Kate Raworth ha propuesto cambiar la imagen de nuestro sistema económico para que parezca un dónut. El núcleo del dónut (*munchkin*, como se dice en inglés) representa lo que yo llamo el núcleo de la dignidad, las necesidades básicas que todos los humanos deben satisfacer para vivir como humanos. El límite exterior del dónut representa los límites del planeta, que la humanidad muchas veces está violando bajo su propio riesgo. Por cierto, cuando les llevo dónuts a mis alumnos inevitablemente la mitad de ellos no quiere comerlos porque no son saludables. Tanto es así que Dunkin' Donuts, una de las cadenas más grandes de Estados Unidos, decidió retirar del nombre la palabra «Donuts» porque a los *millennials* y otras generaciones no les gusta. Desde entonces, he recurrido a *bagels* saludables.

Estoy de acuerdo con Kate Raworth en que las metáforas moldean la forma en que pensamos, vemos y actuamos en el mundo. Lo que estoy sugiriendo es que la gestión en formato *bagel* es una aproximación mejor a cómo deberíamos entender la tarea de los gerentes.

Gráfico 7.1. Del sándwich al *bagel*

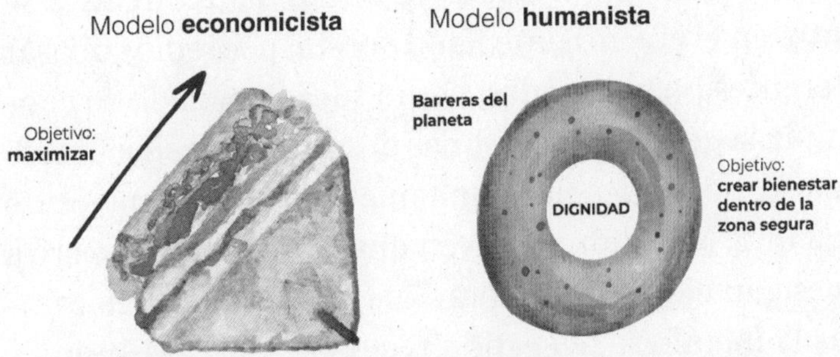

Fuente: Pirson, Michael, *Humanistic management: Protecting dignity and promoting well-being*, Cambridge University Press, Reino Unido, 2017.

Si me apoyo en el *bagel* como una metáfora adecuada para mis estudiantes *millennials*, mi conclusión es que las tareas más importantes de los líderes son las siguientes:

1. Llevar a la humanidad por encima del umbral de la dignidad (el núcleo interno).
2. Reducir el impacto de la actividad humana en los límites del planeta.
3. Permitir el florecimiento de toda la vida en la Tierra. Raworth sugiere que llamemos a la zona a la que debemos movernos «zona de operación segura y justa para la humanidad».

Para mí es el proceso para llegar a una gestión humanista: la protección de la dignidad y la promoción del bienestar.

Una vez que dejemos de ver el mundo como un sándwich triangular que hace que la tarea directiva se centre en el crecimiento a toda costa, podremos divisar diferentes posibilidades, como sucede cuando se contempla la gestión de personas desde una perspectiva de sanar dificultades para que pueda aflorar lo mejor de cada uno. Mis alumnos viven una vida tranquila, pero a veces con cierta desesperación. Una vez que les cambias la metáfora, la gestión recupera vida, los anima y les da energía, y también me ocurre eso a mí en el objetivo de lograr la transformación.

Dignidad confidencial: cómo liderar hacia la excelencia

En 2001, Kofi Annan se dirigió a la élite global en Davos y compartió las primeras preocupaciones sobre el impacto de la globalización del modelo sándwich: «Amigos míos, la cuestión es la siguiente: si no hacemos que la globalización funcione para todos, al final no funcionará para nadie. La distribución desigual de los beneficios y los desequilibrios en la formulación de normas globales que caracterizan la globalización actual inevitablemente producirán reacciones negativas y proteccionismo. Y eso, a su vez, amenaza con socavar y desbaratar, en última instancia, la economía mundial abierta que con tanto esfuerzo se ha construido a lo largo del último medio siglo».

Esas predicciones parecen claras y pueden entenderse mejor desde la perspectiva del *bagel*, comprendiendo que la dignidad es fundamental para que cualquier grupo funcione. La biología evolutiva nos señala la idea de que la economía y la gestión empresarial tradicionales están ciegas. De hecho, cuando somos capaces de honrar nuestra dignidad humana básica y la de la vida en general, tenemos un punto de partida para alcanzar la excelencia. Y esto es lo que proponemos en este libro: poner las bases para honrar la dignidad humana por medio del equilibrio de los cuatro motores evolutivos en las organizaciones y en el liderazgo.

Agradecimientos

Este libro ha podido hacerse realidad gracias al apoyo, las conversaciones y las reflexiones de Michael A. Pirson. Conocí el modelo de los cuatro motores en una de sus conferencias y encontré el encaje para lo que había estado analizando y sobre lo que había estado escribiendo durante casi dos décadas de trabajo. Le agradezco su generosidad, su mentoría en ideas que hemos ido peloteando y ese propósito que le hace estar siempre rodeado de personas y proyectos que buscan mejorar el mundo.

Michael y yo nos conocimos cuando los dos asistimos a un taller en el Real Colegio Complutense en Harvard, organizado por el Instituto IECO, que dirigía Manolo Guillén, quien tristemente falleció pronto. Gracias a su invitación y a la de Rita Jácome, se generó el encuentro para este proyecto conjunto. Gracias a Raúl Royo, presidente de Royo Group, y a Agustín Carrilero, director de ESIC Comunidad Valenciana, quienes hicieron posible que conociera a Manolo y comenzara esta colaboración.

Le agradezco a Roger Domingo, a Héctor Juan Herrero y a todo el equipo de Alienta su apoyo y sus consejos, que han desembocado en este libro.

Gracias a los compañeros de la Humanistic Leadership Academy, con quienes hemos pasado horas conversando para impulsar la sensibilización hacia el humanismo en profesores de universidades y escuelas de negocios, como Brian Wellinghoff, David Dafydd Snowdon-Jones, Deborah Rundlett, Patrick Struebi, Heather MacCleoud, Mette Morsing y David Capistrán. Gracias también a Bob Chapman, por su fe, su pasión y su trabajo para impulsar el humanismo en la sociedad.

Adentrarnos en el apasionante mundo de la evolución humana ha sido un gran regalo. Soy una enamorada de la historia, pero me solía saltar la prehistoria. Nunca había reparado en ella. Después de muchas lecturas de investigaciones he ganado una nueva perspectiva, que he intentado plasmar en estas páginas. Ha sido realmente emocionante ser consciente de nuestro pasado más lejano. Le agradezco mucho a Manuel Domínguez-Rodrigo, codirector del Instituto de Evolución en África (IDEA) y catedrático de la Universidad de Alcalá de Henares, por su ayuda y su generosidad compartiendo datos y verificando algunas de nuestras hipótesis de partida. Hace un trabajo magnífico y ha sido un regalo conocerlo.

Gracias también a todos los líderes y clientes que me han inspirado a lo largo de los años y que confirman que el cambio hacia el humanismo y el regreso a la esencia es posible. Es poderoso, se puede y permite alcanzar resultados magníficos. Para empujar este cambio de paradigma está beUp, una empresa que Marta Romo y yo creamos hace más de una década y que tiene como objetivo ayudar al cambio de mentalidad respecto al liderazgo. Lo que aquí recojo nace también de conversaciones y proyectos compartidos con ella y con el resto de los compañeros: José Conejos, Techu Arranz, Mónica Rosemberg, Arianna Martínez Fico, Ángel Cruz, Begoña Rodríguez y tantos otros compañeros y compañeras que me inspiran y que son un ejemplo para mí.

Gracias también al equipo que ayuda a que esto sea posible; personas como Ana Lozano, Sara Fernández, Cristina Sánchez y Lucía Herrero. Gracias especialmente a Sara Méndez por sus maravillosos diseños. Y a María Jiménez, por la revisión tan detallada del libro.

La amistad le ha dado siempre mucho sentido a mi vida y, en este libro, como en todos los demás, está muy presente. Ya he mencionado a algunos de mis amigos, pero añado a José Luis Llorente por su increíble sabiduría; es un pozo de conocimientos. A Elena Cascales, por su apoyo siempre incondicional. A Ecequiel Barricart, por sus palabras de aliento. A Fernando Borrajo y Mar Cárdenas, por su cariño. Y a Álvaro Soto, un gran amigo del alma que me acompaña a lo largo de los años y de los libros.

Por último, gracias a mi familia: mi madre, mi hermana, mi padre desde el cielo, Antonio, Javi, mis abuelos, primos y tíos, que son fabulosos. Me siento muy afortunada de crecer con ellos. Y, por supuesto, gracias a Jesús, por la vida compartida, y a Hugo, mi hijo bonito, quien a sus siete años comprende que soy madre-profesional-enamorada de un propósito y me ha sabido apoyar para que escribiera este libro.

Notas

Introducción

1. Aubert, Maxime *et al.*, «Earliest hunting scene in prehistoric art», *Nature* 576, 7787 (2019), pp. 442-445, <https://www.nature.com/articles/s41586-019-1806-y>. Se interpreta como un símbolo espiritual en Rosengreen, Carley, «Indonesian cave art overturns thinking on the roots of human spirituality», *Griffith News*, 12 de diciembre de 2019, <https://news.griffith.edu.au/2019/12/12/indonesian-cave-art-overturns-thinking-on-the-roots-of-human-spirituality/>.

2. Barkow, Jerome H. (ed.), *Missing the revolution: Darwinism for social scientists*, Oxford University Press, Reino Unido, 2006.

1. Nuestros cuatro motores evolutivos, aunque no seamos conscientes de ellos

1. Compartimos una parte importante del ADN con los seres vivos que nos rodean, incluso con un plátano. Sin embargo, exis-

ten grandes diferencias, con respecto a la distribución genética, por ejemplo.

2. Paul Lawrence habló sobre los cuatro motores evolutivos en Lawrence, Paul; y Nohria, Nitin, *Driven: How human nature shapes our choices*, Jossey-Bass, Estados Unidos, 2002. Michael lo recoge también en su libro *Humanistic management: Protecting dignity and promoting well-being*, Cambridge University Press, Reino Unido, 2017.

3. Buettner, Dan, *El secreto de las zonas azules: Comer y vivir como la gente más sana del mundo*, Grijalbo, Barcelona, 2016.

4. Harter, Jim, «U.S. employee engagement drops for first year in a decade», Gallup, 18 de octubre de 2023, <https://www.gallup.com/workplace/388481/employee-engagement-drops-first-year-decade.aspx>.

5. Véase: <https://sekem.com/en/about/history/>.

6. «Ibrahim Abouleish / SEKEM», Right Livelihood, 13 de septiembre de 2022, <https://rightlivelihood.org/the-change-makers/find-a-laureate/ibrahim-abouleish-sekem/>.

2. El motor evolutivo de adquirir: poder, dinero y aquello que quiero

1. Gibbons, Ann, «Lucy had a spring in her step», *Science*, 10 de febrero de 2011, <https://www.science.org/content/article/lucy-had-spring-her-step>.

2. Gibaja, Juan F.; Ibáñez, Juan José; y Mozota, Millán, *El Neolítico*, Catarata y CSIC, Madrid, 2021.

3. Taylor, Steve, *La caída: indicios sobre la Edad de Oro, seis mil años de locura y el despertar de una nueva era*, Ediciones La Llave, Barcelona, 2016.

4. Langdon, Scott, «Gen Z and the rise of influencer culture», Higher Visibility, 19 de agosto de 2022, <https://www.highervisibility.com/ppc/learn/gen-z-and-the-rise-of-influencer-culture/>.

5. Según la investigación realizada por Remitly (2023): «The world's dream job: the careers people are searching for the most», Remitly, noviembre de 2022, <https://www.remitly.com/gb/en/landing/dream-jobs-around-the world?irclickid=UgE3r-TW2wxyNRuIRF20F-x4rUkA1fpU5E0VH2A0&af_sub1=Skimbit%20Ltd.&utm_medium=affiliate&utm_source=impactradius&irgwc=1>.

6. Capozzo, Luis, *Agua salada y sangre caliente*, Siglo XXI Editores, Argentina, 2006.

7. Mencionado en Lawrence, Paul; y Nohria, Nitin, *op. cit.*

8. Sapolsky, Robert, «Individual differences», *Robert Sapolsky Rocks*, 2 de junio de 2010, <http://www.robertsapolskyrocks.com/individual-differences.html>.

9. Sen, Amartya, *Poverty and famines: An essay on entitlement and depravation*, Oxford University Press, Reino Unido, 1983.

10. Masters, Roger D.; y McGuire, Michael T., *The neurotransmitter revolution: Serotonin, social behavior, and the law*, Southern Illinois University Press, Estados Unidos, 1994.

11. Amabile, Teresa, *The social psychology of creativity*, Springer-Verlag, Alemania, 1983.

12. National Academies of Sciences, Engineering, and Medicine, *Vibrant and healthy kids: Aligning science, practice and policy to advance health equity*, National Academies Press, Estados Unidos, 2019, <https://nap.nationalacademies.org/catalog/25466/vibrant-and-healthy-kids-aligning-science-practice-and-policy-to>.

13. Wallace, Jennifer Breheny, *Never enough: When achievement culture becomes toxic - and what we can do about it*, Portfolio, Estados Unidos, 2023.

14. Agassi, Andre, *Open: Memorias*, Duomo Ediciones, Barcelona, 2016.

15. Pirson, Michael; y Piedmont, Ralph L., «Development

and initial validation of the 4 drive scale of motivation» [En proceso].

3. El motor evolutivo de vincularnos con otras personas

1. Véase: <https://www.atapuerca.org>.

2. Atapuerca es un lugar mágico que tuve la oportunidad de visitar invitada por mi admirado Eudald Carbonell, a quien le agradezco la oportunidad que me brindó.

3. Medialdea, Sara, «Una máquina de leer huesos revela que el primer "homo" cazaba», *ABC*, 7 de enero de 2023, <https://www.abc.es/espana/madrid/maquina-leer-huesos-revela-primer-homo-cazaba-20230107172323-nt.html>.

4. Morell, Virginia, «Las serpientes también tienen amigos», *National Geographic*, 14 de mayo de 2020, <https://www.nationalgeographic.es/animales/2020/05/las-serpientes-tambien-tienen-amigos>.

5. Las aves tienen una estructura cerebral más sofisticada que los reptiles, cuidan a sus crías y se preocupan algo más por ellas. El motivo se debe a unas células que tienen cierto parecido con la amígdala de los mamíferos y que las ayudan a ser más inteligentes. Como le sucede a la gallina, que es, por cierto, una de las aves más listas (como dato curioso, tienen la capacidad de razonamiento deductivo que alcanzan las personas con siete años). (University of Chicago Medical Center, «Birds and primates share brain cell types linked to intelligence», *Newswise*, 14 de febrero de 2018, <https://www.newswise.com/articles/birds-and-primates-share-brain-cell-types-linked-to-intelligence>; Blakeslee, Sandra, «Minds of their own: birds gain respect», *The New York Times*, 1 de febrero de 2005, <https://www.nytimes.com/2005/02/01/science/minds-of-their-own-birds-gain-respect.html>).

6. Le Bon fue uno de los pioneros de la psicología social. In-

fluyó en un sobrino de Sigmund Freud, Edward Bernays, creador de la teoría de la propaganda y las relaciones públicas.

7. Bregman, Rutger, *Dignos de ser humanos: Una nueva perspectiva histórica de la humanidad*, Anagrama, Barcelona, 2021. Éste es un libro muy interesante.

8. Se puede escuchar en iVoox, YouTube y Spotify.

9. Hare, Robert D., *Sin conciencia: El inquietante mundo de los psicópatas que nos rodean*, Paidós, Barcelona, 2003.

10. Ibídem.

11. Jericó, Pilar, *NoMiedo en la empresa y en la vida*, Alienta, Barcelona, 2006.

12. Las explicaciones de cómo escaparnos del miedo están recogidas en el libro *NoMiedo*, pero las amplío a continuación. La primera consiste en salir corriendo del peligro, como cuando a un gato callejero se le acerca un perro con malas pulgas. Los humanos somos buenos en eso, sin necesidad de correr. Inventamos excusas para evitar hacer algo que nos impone o fingimos que no nos importa una persona que no responde a nuestras intenciones amorosas (la típica frase de «Me da igual»). La segunda respuesta es ponernos agresivos. Un ejemplo maravilloso nos lo ofrecen los felinos cuando se les eriza el pelo y bufan como locos. A nosotros nos sucede algo parecido cuando se nos eriza el vello. No deja de ser un recuerdo arcaico de cuando teníamos pelo y podíamos impresionar. Tiene sentido si se es un orangután, pero en nosotros, que hemos entrado en un proceso de alopecia por todo el cuerpo, resulta un poco ridículo o, al menos, poco práctico. Una tercera opción es quedarnos congelados o inmovilizados, como cuando enmudecemos en una reunión o nos quedamos en blanco en un examen. Parece que había más posibilidades de salir con vida si venía un mamut quedándonos quietos que saliendo despavoridos. En la actualidad, vuelve a ser poco práctico si viene una moto, si estamos en una reunión o si no sabemos la respuesta en un examen. Por último, podemos adular o hacer la pelota. De nuevo, es algo innato:

los mamíferos sociales lo practican y, luego, en la especie humana, siempre hay quien lo perfecciona. La quinta se explica en el libro Brizendine, Louann, *El cerebro femenino: Comprender la mente de la mujer a través de la ciencia*, Salamandra, Barcelona, 2023.

13. El estudio lo llevaron a cabo Linda Babcock y Hannah Riley Bowles, profesoras de la Universidad Carnegie Mellon de Pensilvania y de la Harvard Kennedy School, respectivamente, y arroja datos realmente desconcertantes. (Bowles, Hannah Riley; y Babcock, Linda, «How can women escape the compensation negotiation dilemma? Relational accounts are one answer», *Psychology of Women Quarterly*, 37, 1 [2013], pp. 80-96).

14. Zimmermann, Manfred, «Neurophysiology of sensory systems», en Schmidt, Robert F. (ed.), *Fundamentals of sensory physiology*, Springer-Verlag, Alemania, 1986.

15. Pirson, Michael; y Piedmont, Ralph L., *op. cit.*

4. El motor evolutivo de aprender y comprender

1. Koch, Christof, «Does brain size matter?», *Scientific American*, 1 de enero de 2016, <https://www.scientificamerican.com/article/does-brain-size-matter1/>.

2. Herculano-Houzel, Suzana, *The human advantage: How our brains became remarkable*, MIT Press, Estados Unidos, 2017.

3. Gowlett, John Anthony Jamys, «The discovery of fire by humans: a long and convoluted process», *The Royal Society Publishing*, 371, 1696 (2016), <https://royalsocietypublishing.org/doi/10.1098/rstb.2015.0164>.)

4. Harari, Yuval Noah, *Sapiens: De animales a dioses. Breve historia de la humanidad*, Debate, Barcelona, 2015.

5. Koch, Christof, *op. cit.*

6. DeSilva, Jeremy *et al.*, «Human brains *have* shrunk: the questions are *when* and *why*», *Frontiers in Ecology and Evolu-*

tion, 11 (2023), <https://www.frontiersin.org/articles/10.3389/fevo.2023.1191274/full>.)

7. Ahora bien, todavía no hay consenso. Hay un debate y un análisis abiertos que lo desmienten. (Leija, Lydia, «Desmienten la teoría de que el cerebro prehistórico era más grande que el de humanos actuales», *National Geographic en español*, 8 agosto de 2022, <https://www.ngenespanol.com/historia/la-reduccion-del-cerebro-no-ocurrio-hace-3000-anos/>.)

8. Jericó, Pilar, *Change Mindset: Surfeando el cambio*, Colección Pilar Jericó, Amazon, 2023.

9. «The American Trends Panel», Pew Research Center, 27 de octubre de 2021, <https://www.pewresearch.org/our-methods/u-s-surveys/the-american-trends-panel/>.

10. Yemiscigil, Ayse; Powdthavee, Nattavudh; y Whillans, Ashley V., «The effects of retirement on sense of purpose in life: crisis or opportunity?», *Psychological Science*, 32, 11 (2021), pp. 1856-1864, <https://journals.sagepub.com/doi/abs/10.1177/09567976211024248?journalCode=pssa>.

11. Amorós, Marc, *Fake news: La verdad de las noticias falsas*, Plataforma Editorial, Barcelona, 2018.

12. Pariser, Eli, *El filtro burbuja: Cómo la web decide lo que leemos y lo que pensamos*, Taurus, Barcelona, 2017.

13. Pomeroy, Emma *et al.*, «New Neanderthal remains associated with the "flower burial" at Shanidar Cave», *Antiquity*, 94, 373 (2020), 11-26. <https://www.cambridge.org/core/journals/antiquity/article/new-neanderthal-remains-associated-with-the-flower-burial-at-shanidar-cave/E7E94F650FF5488680829048FA72E32A>.

14. Pirson, Michael; y Piedmont, Ralph L., *op. cit.*

5. El motor de defendernos

1. Wild, Sarah, «New archaeology dives into the mysterious demise of the Neanderthals», *Horizon*, 23 de septiembre de 2022, <https://projects.research-and-innovation.ec.europa.eu/en/horizon-magazine/new-archaeology-dives-mysterious-demise-neanderthals>.

2. Harvati, Katerina *et al.*, «Apidima cave fossils provide earliest evidence of Homo sapiens in Eurasia», *Nature*, 571 7766 (2019), pp. 500-504, <https://www.nature.com/articles/s41586-019-1376-z>.

3. Lawrence, Paul; y Nohria, Nitin, *op. cit.*

4. Jericó, Pilar, *op. cit.*

5. Dunn, Jancee, («Want to thrive? First, learn to fail», *The New York Times*, 15 de septiembre de 2023, <https://www.nytimes.com/2023/09/15/well/mind/failure-mistakes-advice.html>.)

6. He abordado esta temática desde diferentes perspectivas en libros como *NoMiedo*, *Héroes cotidianos* y *Change Mindset*.

7. Kross, Ethan, *Cháchara: Por qué es tan importante la voz en tu cabeza y cómo sacarle partido*, Paidós, Barcelona, 2021.

8. Duhigg, Charles, *Más agudo, más rápido y mejor: Los secretos para ser más productivo en la vida y en el trabajo*, Conecta, Barcelona, 2016.

9. Kahn, William A., «Psychological conditions of personal engagement and disengagement at work», *The Academy of Management Journal*, 33, 4 (1990), pp. 692-724, <https://www.jstor.org/stable/256287>.

10. Edmondson, Amy C., *The fearless organization: Creating psychological safety in the workplace for learning, innovation, and growth*, Wiley, Estados Unidos, 2018.

11. Seligman, Martin E. P., *Helplessness: On Depression, de-*

velopment and death, W. H. Freeman & Co., Estados Unidos, 1975.

12. Jericó, Pilar, *op. cit.*

13. Kuhm, Thomas S., *La estructura de las revoluciones científicas*, Fondo de Cultura Económica de España, Madrid, 2016.

14. Pirson, Michael; y Piedmont, Ralph L., *op. cit.*

6. Liderazgo esencial: equilibrando los motores

1. Craig, James V.; y Muir, William, «Selection for reduction of beak-inflicted injuries among caged hens», *Poultry Science*, 72, 3 (1993), pp. 411-420, <https://www.sciencedirect.com/science/article/pii/S0032579119338520>.

2. Chapman, Bob; y Sisodia, Raj, *Todo el mundo es importante*, Obelisco, Barcelona, 2020.

3. Lo amplío en el libro *Change Mindset.*

4. Fink, Larry, Larry Fink's 2022 letter to CEOs: «The power of capitalism», Blackrock, 2022, <https://www.blackrock.com/corporate/investor-relations/larry-fink-ceo-letter>.

5. «Bernie Glassman, Zen Master», Zen Peacemakers, <https://zenpeacemakers.org/about/bernie-glassman-zen-master/>.